하정아 물 에세이집

# 꿈꾸는 물 白河

# 꿈꾸는 물 白河

하정아 물 에세이집

1판 1쇄 인쇄/ 2018년 7월 5일
1판 1쇄 발행/ 2018년 7월 10일

지은이 / 하정아
펴낸이 / 우희정
펴낸곳 / 도서출판 소소리

등록 / 제300-2007-21호
주소 / 03073 서울 종로구 성균관로 5길 39-16
전화 / 765-5663, 010-4265-5663
E-mail / sosori39@hanmail.net
홈페이지 / www.sosori.net



값 12,000원

ISBN 979-11-5891-106-5 03810

이 도서의 국립중앙도서관 출판예정도서목록(CIP)은 서지정보유통지원시스템 홈페이지(http://seoji.nl.go.kr)와 국가자료공동목록시스템(http://www.nl.go.kr/kolisnet)에서 이용하실 수 있습니다.
(CIP제어번호: CIP2018019897)

# 꿈꾸는 물 白河

하정아 물 에세이집

작가의 말

# 말하고 듣고, 듣고 전하고

물이 말합니다. 다가오는 사람, 따뜻하게 품어주라고. 떠나는 사람, 너그럽게 보내주라고.

물이 없는 깊은 사막 한복판에서 삽니다. 물이 늘 그립습니다. 이해하고 배려하고 인내하는 물. 낮아지고 비워내고 부드러운 물.

뼛속까지 아프게 하는 갈증을 다독이는 동안 물에 대한 생각이 많았습니다. 삶 속에서, 마음속에서, 여행지에서 만난 물이 들려주는 이야기를 사람들에게 전하고 싶었습니다. 사슴이, 낙타가, 선인장이 갈급하게 물을 찾는 심정을 느꼈습니다. 그래서 썼습니다.

출판 전 원고를 읽어주신 분들에게 큰절을 올립니다. 이 책이 출판될 수 있도록 도와주신 분들에게 감사 인사를 드립니다. 어느 누구에겐가 공감을 주는 책이 되기를 기원합니다.

마운틴 발디 산자락에서
'물이 보이는 커다란 유리창이 있는 공간'을 꿈꾸며….

裕堂 **하정아**

## 1. 백하(白河)

## 2. 영감의 섬을 아시나요

## 3. 여자의 경(經)

## 4. 바다사자처럼 눕고 싶다

## 5. 건너지 않아서 아름다운

## 6. 해인(海人)

# 1.

## 백하(白河)

## 하늘에서 바라본 콜로라도 강

뉴욕 소재 J. F. 케네디 공항에서 엘에이로 날아오는 중에 서부 캘리포니아 인근 네바다 주 상공을 지나는 비행기 안에서 광대한 모하비 사막 한가운데를 뚫고 도도히 흐르는 콜로라도 강을 발견했다. 강을 따라 오밀조밀 장난감처럼 모여 있는 도시의 윤곽이 희미하게 보였다. 인간에 대한 연민과 애정이 마구 솟구쳤다. 이 강물이 우리 연약한 사람들을 살리고 있다 생각하니 뭉클한 감동으로 눈시울이 뜨거워졌다. 물이 없다면 우리가 어찌 살 수 있을까.

# 고백

물이 좋았다. 바다가 좋았다. 처음부터 왠지 좋았다. 무조건 좋았다. 바다에 가면 많은 물을 만날 수 있어 좋았다.

내 삶의 중요한 미션 중의 하나는 바다를 알아가는 것이다. 바다를 닮은 사람들을 만나는 것이다. 그들의 사고의 깊이와 넓이를 본받는 것이다. 더불어 물이 지닌 영적 의미를 확장시키고 실현하는 것이다.

얼떨결에 이주한 이방 땅은 온통 사막이었다. 사막 안에도 호수가 있다는 것을 알고, 호수를 찾아다니면서 조금씩 행복해졌다. 실버우드, 보넬리 프랭크, 엘리자베스, 크리스털, 에로우헤드, 미드, 하바수, 베스, 타호… 이제껏 몰랐던 호수가 인근에 있다는 말을 들으면 호수를 만나고 싶어 몸살이 났다. 먼 곳에 가면 이국의 볼거리보다는 내가 있는 곳에서 호수까지 얼마나 먼가, 강이나 바다가 어디에 있나부터 찾았다. 어디를 가든 물과 연관된 풍물은 잊히지 않았다. 물을 만나면 그곳이 어디든 고향을 느꼈다.

인공호든 자연호든 가리지 않고 찾아갔다. 같은 장소를 한두 번이 아니라 셀 수 없을 만큼 갔다. 호수의 마음을 알 때까지. 호수가 나를 안다는 느낌이 들 때까지. 호수에 찾아가지 않아도 눈만 감으면 호수와 대면한 듯 마음이 평안해지고 호수와 마음의 대화를 나눈다는 느낌이 들 때까지.

아프리카 케냐에서 빅토리아와 나쿠루 호수를, 이탈리아에서 로이스와 코모 호수를 만나고 감격했다. 한국을 더욱 그리워하게 된 것은 어느 해 방문길에 어느 하루 동안 다섯 개의 호수를 돌아보고 난 이후부터이다. 섬진강을 상류부터 하류까지 따라가며 강의 다양한 모습을 가까이서 느낀 다음부터이다. 내가 태어난 나라에 정겨운 강과 호수가 그토록 많다는 것을 새삼 알게 된 이후, 반드시 고국에 다시 돌아오리라 마음먹었다.

태평양 바다가 멀고 가까운 거리에 있다는 것을 알고 난 이후부터 마음이 안정되었다. 원하면 언제든지 내 힘으로 찾아갈 수 있다는 것을 깨닫고 난 후부터 어떤 환경도 힘들게 느껴지지 않았다. 틈만 나면 바다에 갔다. 산타모니카와 주마비치는 집처럼 드나들었다. 마리나 델 레이와 베니스, 헌팅톤과 롱비치도 많이 갔다. 산타모니카, 벤추라, 라구나, 산타 바바라, 라 호야, 실버 스트랜드, 라 코로나도 비치 등, 자동차로 갈 수 있는 곳이면 어디든 찾아갔다. 멕시코의 샌 퀸튼에서부터 캐나다의 밴쿠버까지 원근불고(遠近不考)하는 심정으로 다녔다.

온순한 물을 만나고 싶을 때는 호수나 강을 찾았다. 마음이 답답할 때는 바다에 갔다. 물을 찾는 행위는 먹먹한 물만큼이나 막막한 내 인생을 위무하는 진지한 의식(儀式)이었다. 강변이나 호변이나 해변에서 서거나 앉거나 엎드린 자세로 수면을 바라보노라면 마음이 잔잔해지곤 했다. 물속에 손이나 발이나 몸을 담그면 온갖 근심이 사라졌다.

물을 만나면서 내가 사는 땅을 사랑하게 되었다. 물가에 앉아 숨을 고르노라면 만사가 부드럽게 용납이 되고, 내가 현재 영위하고 있는 삶이 꽤 괜찮은 편이라고 여겨졌다. 이민의 세월이 길어질수록 외로움의 강도도 함께 깊어졌지만 물이 있어서 견딜 만했다.

새벽바다를 대면하면서 진정 강한 것이 무엇인가를 배웠다. 석양을 삼키는 바다를 보고 세상을 하나의 커다란 연결

고리로 인식하게 되었다. 내가 바라보는 태양은 이 우주 안에서 유일한 존재이지만 지구의 어느 장소 어느 시간에 보느냐에 따라 다른 이름으로 불리는 것이다. 깊은 코발트블루로 변신하는 밤바다를 바라보면서 삶의 명암이 안고 있는 다채로운 가치와 아름다움을 깨닫게 되었다. 밝으면 밝은 대로 어두우면 어두운 대로 맛볼 수 있는 아름다움과 누릴 수 있는 행복이 있다는 것을 알게 되었다.

몸속에 바다가 들어있다. 목포에서 흑산도로 가는 여객선상에서 만났던 갯냄새 두터운 바다. 나의 조국 한국과 나의 제2의 고향 캘리포니아 엘에이를 이어주는 태평양 넓은 바다. 월천강과 콜로라도 강, 압록강과 두만강, 대동강과 한강이 그 안에 함께 있다. 이름을 부르기만 해도 수면을 스치는 바람결까지 느낄 수 있는 호수들이 그 안에 있다.

물을 바라볼 때마다 물의 마음을 생각한다. 내가 평생 목마르게 찾고 있는 문장의 마음을 생각한다. 물을 알아갈수록 나의 문학에 대한 자세도 달라졌다. 화려한 표현과 강한 정서보다는 맑고 담담하고 평안한 문학을 추구하게 되었다. 얼마나 행복할까. 내가 쓰는 문장에 담긴 빛깔과 정서에 물의 마음이 배어난다면. 장미향처럼 고혹적이지 않아도 강변 갈대의 울림이 깃들고, 달빛 아래 흐르는 강물에 머리를 풀며 노래를 부르는 능수버들 가지의 물내음이 난다면. 바다가 보이고 파도 소리가 들린다면.

사람도 이제는 덤덤한 성품이 좋다. 하고 싶은 말 차오르는 생각 다 쏟아내는 사람보다는 상대방이 스스로 깨달을 때까지 기다려주는 사람. 끝내 알아채지 못해도 서운해 하지 않고 있는 그대로 바라보아주는 사람. 호수처럼 바다처럼 먼저 품어주고 자신의 맑은 성정으로 씻어주는 사람.

바다를 보면 바다를 닮고 나무를 보면 나무를 닮는다는데. 물을 사랑하는 나는 물을 닮을 수 있을까. 물처럼 살고 싶다. 진실하고 담담하게 살고 싶다. 유연한 사고를 소유하고 싶다.

# 물꽃

깊은 바다까지 뻗어있는 부두 난간에 선다. 남캘리포니아 연안을 따라 길게 뻗어있는 태평양 한 자락. 베니스 비치(Venice Beach) 밤바다가 상현달빛 아래에서 섬세하게 빛난다. 환하게 쏟아지는 달빛에 일렁이는 파도의 옆모습이 고혹적이고 현란하다. 다양하고 리드미컬한 움직임. 깨지고 부서진 파도가 왈츠박자로 흔들린다.

층을 이루어 달려오는 물 물 물. 그 물이 바다에 빠진 달빛을 안고 쓰러진다. 그 위에 또 다른 달빛을 품은 물이 퍽퍽 엎어진다. 달빛을 실은 파도가 푸른 기세로 등을 곧추세우고 달려오다가 포물선 형상으로 무너져 내리면, 깨진 파도 속에 갇힌 달빛이 섬광처럼 반짝인다. 그 빛봉오리들이 불꽃 형상으로 피었다가 한꺼번에 우우 사라진다. 거꾸로 처박힌 은하수들. 망가질수록 더욱 고귀한 빛으로 태어나는 물 구슬들. 달빛 송이들. 그 눈부신 역리와 도도함에 현기증이 난다.

하늘에 뜬 달이 부드럽고 은은하게 빛난다. 달을 둘러싼 아우라가 그지없이 차분하다. 월광(月光), 제 몸에서 시작된 빛이 아니라 태양빛을 반사해서 얻은 빛이어서인가, 겸손하고 편안하다. 여전히 생기 있고 충일하다. 발광체도 아닌 네가 이렇게 신비로운 빛을 발할 수 있다면! 그렇다, 세상의 모든 존재도 빛을 낼 수 있다. 반사체가 될 수 있다.

한줄기 달빛이 밤바다 위에서 은하수로 다시 태어나듯이, 나, 깨어지고 부서지면 너처럼 빛이 될 수 있을까.

# 섬진강 안개

대학시절, 선배 언니랑 섬진강에 갔다. 섬진강 상류, 가파른 절벽 위 외딴 집에 한 청년이 홀어머니와 함께 살고 있었다. 시골 남자답지 않게 피부 빛이 맑았다. 웃을 때마다 드러나는 치아가 희고 가지런했다.

한밤중에 청년은 강으로 내려가 나룻배를 띄웠다. 그는 강을 따라 노를 저어가다가 강 한가운데에서 문득 멈추었다. 뱃전을 두드리는 물살. 살아서 수런거리는 밤의 사물들. 강어귀에서 들려오는 풀벌레 울음소리들. 휘영청 높이 뜬 보름달이 밤의 정령처럼 빛나고 있었다.

세 사람은 오래오래 아무 말도 하지 않았다. 머리 위에서 비추던 달이 오른쪽으로 기울어 배 안에 앉은 사람들의 그림자 위치를 바꾸었다. 사람들은 말 못하는 짐승들처럼 여전히 그렇게 숨만 쉬고 있었다.

나는 그 침묵이 좋았다. 침묵도 대화라는 것을 그때 알았다. 달빛 같은 교감, 그 농도와 깊이에 숨이 막혔다. 침묵에도 빛깔이 있다는 것을 알았다. 유채색도 무채색도 아닌, 밤에 흐르는 강물 빛. 그 무연한 빛에 가슴이 서늘했다. 인간이 인간을 사랑하는 것이 무척 슬픈 일이라는 것을 나는 그때 그 두 사람을 보고 알았다.

새벽이 두터운 물안개와 함께 왔다. 강과 안개가 경계를 알 수 없을 만큼 한 몸이 되어 겹겹의 군무를 추고 있었다. 눈길 닿는 곳마다 회색의 베일. 물 회색이 그토록 아름다운 빛깔이라는 것도 처음 알았다. 안개가 마치 생각하고 인식하는 존재처럼 느껴졌다. 안개는 움직이는 것만큼만 길을 틔워주었다. 그의 앞에 다가서는 것만큼, 꼭 그만큼씩만 마음을 열어주는 사람처럼. 숨을 쉴 때마다 안개가 한 움큼씩 내 몸 안으로 들어왔다.

그는 나룻배를 저어 우리를 강 건너편에 데려다 주었다. 노를 젓는 소리가 강물의 흐느낌처럼 닿아왔다. 그는 우리를 내려놓고 말 한마디 없이 되돌아갔다. 안개 속으로 사라지는 그를 선배는 오래오래 바라보았다. 나는 선배를 말없이 바라보았다. 청년의 등 뒤에 내려앉는 물안개가 오래도록 망막에 머물렀다. 그토록 느낌이 많은 안개를 그날 이후 만난 적이 없다.

그때는 몰랐다. 선배가 왜 나를 그곳에 데려갔는지. 선배는 아무 언질도 주지 않았고 아무것도 부탁하지 않았다. 짧게 "물 좋아하지, 섬진강 갈래?" 했을 뿐이다.

이제는 안다. 선배는 자신을 지키고 그를 지켜주기 위해 제 삼자가 필요했다. 정인과의 이별에 증인이 필요했다. 쓸쓸하게 돌아오는 길에 쓰러지지 않도록 붙잡아줄 동행이 필요했다.

오늘 아침, 프리웨이에서 그 안개를 다시 만났다. 섬진강에서 보았던 것과 똑같은 농담과 색조를 지니고 있었다. 착시라 해도 착각이라 해도 나는 나를 용서한다. 어떻게 물안개를 사막의 프리웨이에서 만날 수 있느냐고 따지는 당신도 용서한다.

이제야 알겠다. 햇빛 화창한 날에도 안개 속처럼 마음이 먹먹해지는 때가 많은 이유. 그 섬진강 물안개가 아직도 내 몸 안에 살고 있는 게다. 나는 안개의 집이다. 내 속에 살고 있는 안개 속에는 비밀이야기 하나가 숨어있다.

# 비치 실루엣

바다에서는 누구나 혼자다. 바닷가에서 낙조를 대면하면 정든 이와 함께 있어도 혼자다. 혼자일 때 바다를 만난다. 혼자여도 외롭지 않고 충만하다. 바다는 내가 원하는 모든 대상이 되어준다.

낙조 직전에 만나는 찬란한 바다를 어찌 형용할까. 넘실대는 해수면 물결마다 연한 태양빛이 스며들어 수천수만의 꽃송이로 피어난다. 미련과 그리움, 회한과 아픔이 조각조각 모자이크로 펼쳐진다. 순한 바다 속에, 속살거리는 파도 속에 묻히고픈 충동을 붙잡아 억누른다. 넓은 품속에 달려가 안기면 세상의 모든 시끄러운 소리로부터 안전할 것이다. 수많은 생명을 껴안은 바다. 우리가 마침내 돌아가야 할 곳도 바다 아니냐. 한줌 구름이 되어, 한줌 물방울이 되어.

수평선에 걸친 태양이 수면 위에 빛의 길을 길게 낸다. 그 길을 따라 그 길이 끝나는 곳까지 가고 싶다. 수평선을 만날 수 있을까. 아니다. 속지 말자. 끝없는 신기루. 넘실대는 홍해 물이 좌우로 뚝 끊겨 마른 땅바닥을 드러내고 물벽으로 서 있다가 어느 순간 덮치듯이 하나로 합쳐서 흘러내렸던 것처럼 그렇게 시치미를 뚝 떼리라. 차라리 태양의 여색(餘色)이 바닷물 위에 만들어놓은 저 길을 걷기를 꿈꾸는 것이 더 현실적이리. 빛의 길, 그리움의 길. 그리움을 만나러 가는 길. 본향을 찾아가는 길.

시간이 느리다. 끊길 듯 사라질 듯, 태양의 흔적들이 오래오래 하늘가에 머물러 있다. 해는 바다 속에 잠긴 지 오래전인데, 서편 하늘은 여전히 산호빛 구름으로 가득하다. 미련 없이 풍덩 빠져버린 태양이 남겨놓은 선물이 화려하다. 빛에 담겨있는 미련과 희망이 턱, 숨길을 막는다. 아직도 그리워할 그 무엇이 남아있었던가. 수평선 너머로 서서히 펼쳐지는 청보랏빛 아우라가 애잔하다.

그냥 저대로 저물게 하자. 날마다 쓰러지는 해 아니냐. 오늘, 유난스런 정서로 차별할 이유가 없다. 특별하게 구별하는 순간, 인식하는 순간, 그리움이 시작되지 않느냐. 그로 인한 고통을 감당할 용기가 있는가. 바다는 어느 누구와도, 어느 것과도 상종하지 않는데. 어떤 이름으로 불러도 항의하지 않는데. 일방적인 가슴앓이, 이미 오래전에 멈추기로 결심하지 않았더냐.

바다 풍경이 삽시간에 무채색 톤으로 변한다. 일렁이는 파도가 흐느낌 같다. 조금 전, 반사된 햇볕에 보석처럼 반짝이던 파도는 검푸른 머리채가 되어 퍽퍽 쓰러진다. 빛의 길도 사라졌다. 서로 약속이나 한 듯 부동자세로 서서 석양을 향해 같은 방향을 바라보던 물새들도 어디론가 떠났다. 파도타기를 하던 사람들도 보이지 않는다. 어두운 바다를 배경으로 해변을 따라 움직이는 한 사람의 실루엣이 아름답다. 함께 있어도 각자인 우리. 그 고독, 그 안쓰러움에 턱없이 눈물이 난다.

손가락 발가락 사이로 흐르는 모래 결이 곱고 따뜻하다. 세상 욕심이 빠져나간다. 삶의 속성이 잉태한 부채(負債), 모래 내려놓듯 훌훌 벗을 수 있다면 얼마나 좋을까. 한 마리 새가 되어 밤새 저 검푸른 바다 위를 떠돌아도 좋으리. 한 톨 모래가 되어도 넉넉하리. 무너지거나 사라져도 아쉽지 않으리.

돛단배 한 척이 어두워진 수평선을 배경으로 천천히 움직이고 있다. 물새 한 마리가 그 위를 날고 있다. 인생도 유연히 흐를 수 없을까. 삶의 고비마다 복병처럼 도사리고 있는 장애물, 걸려 넘어져 죽는다 해도 억울하지 않을 욕망, 털어버릴 수 없을까. 사는 일이 무겁다. 살아있음으로 치르는 모든 형식과 절차가 슬프다. 어떻게 살까. 어떻게 사랑할까.

우리가 이곳을 떠난 뒤에도 파도는 변함없이 철썩이리라. 우리가 이 땅과 작별한다 해도 풍경은 여전히 정물(靜物)처럼 평화로울 것이다. 이렇게 함께 모여 한 폭의 그림이 된 우리는 언젠가 뿔뿔이 흩어져 어디론가 흘러갈 것이다. 아서라, 어디든 마음 내리는 곳이 고향이지. 마침내 영혼의 고향에 닿으면 그리움도 끝이 날 것이다. 잠잠한 밤바다를 쳐다보라. 세속을 단호히 거부하는 바다 아니냐.

사람과 함께 있어도 외롭다. '우리' 속에 있어도 어느새 혼자다. 마리나 델 레이 비치에 가기만 하면.

# 밴프와 재스퍼, 그 사이

재스퍼 국립공원 안에는 아싸바스카(Athabasca) 강이 흐른다. 시간에 따라 강물의 속도가 달라진다. 이른 아침에는 빠르고 냉정하게 흐르고, 저녁에는 석양빛을 반사하며 느긋하게 흐른다. 강물을 바라보며 지나온 삶을 강물 위에서 읽는다. 회한과 그리움과 희망이 겹쳐 흐르는 곡절의 세월.

강가에 앉아 물속에 발을 담그니 시간의 흐름을 잊는다. 위시리스트를 작성하기에 더없이 좋은 장소. 어떤 내용이 담길지라도 마지막 항목은 두 문장이다. '강물처럼 살고 싶다.' '강물처럼 뒤돌아보지 않고 연연하게 흐르고 싶다.'

밴프에서 재스퍼까지 왕복 400여 마일을 달리노라니 다른 행성에 온 것 같다. 수많은 호수들과 우거진 산림들, 빙

하들, 눈 폭포들이 연이어 나타났다가 사라진다. 사슴과 산양들이 무시로 도로를 가로질러가고 곧게 뻗은 수목들이 연녹색 이파리들을 사랑스럽게 흔든다. 수많은 강과 호수들이 특유의 물 빛깔과 형태로 캐나다식 매력을 발산한다. 호수를 껴안고 있는 산들은 천년의 설빙을 머리에 이고 잠잠하다. 깎아지른 절벽마다 고고한 침엽수가 일대 장관이다. 곳곳에 자리 잡은 아이스필드는 견고한 침묵을 넓게 펼치고 있다. 카메라 렌즈 한 컷에 사계절이 모두 들어온다.

물의 나라 캐나다. 밴프와 재스퍼를 품고 있는 앨버타 주 캘거리에 가면 세상의 모든 맑은 물을 만난다. 록키산맥이 그 물들을 속살처럼 품어 안고 길게 뻗어있다. 물과 산맥으로 이루어진 천혜의 대지는 야생동물들과 식물들의 낙원이다. 물이 있으므로 생명이 있고 생명이 있어 사랑이 꽃 피는 곳이다.

'맑은 물이 흐르는 곳' 캘거리. 그곳에 다시 가고 싶다. 아픔으로 흔들릴 때면. 갈증으로 숨이 막힐 때면.

# 익수(溺水)

삶이 막막하다고 느낄 때마다 찬 바닷물에 뛰어들어 몸을 담근다. 더 이상 견딜 수 없을 때, 아무리 지겹고 힘들어도 마른 땅이 낫겠다 싶을 때, 물에서 걸어 나온다. 달포 전에도 바닷물에 들어갔다가 물 밖으로 나왔다. 타월에 얼굴을 묻으니 눈물이 쏟아졌다. 춥고 신물 나던 세상이 얼마나 포근하고 달콤하던지.

살아있는 것으로 족하다 했던 월트 휘트먼이 생각났다. 매순간을 즐겁게 살라던 임어당의 다독임도 들려왔다. 고통스런 삶을 아름답게 소화시킨 이들이 속삭여주는 충고가 고마웠다. 내가 몸 기대고 있는 현실을 더욱 따뜻이 껴안으리라 마음을 다잡을 수 있었다.

인간은 외롭다. 누구나 평생 녹지 않는 동토(凍土) 덩어리를 하나씩 가슴에 품고 산다. 그 차가움 때문에 외부에서 밀려오는 통증을 무디게 느끼며 살 만한 세상이라고 스스로 다독인다. 그 토닥임이 애잔하고 안쓰럽다. 언젠가 요가 클래스에서 두 팔을 대각선으로 어긋나게 접어 자신의 어깨 위에 얹고 쓰다듬어 주는 사람들을 바라보며 동병상련의 인간애를 아프게 느낀 적이 있다.

삶의 고통을 건강하게 반감시킬 수 있는 노하우를 지닌 사람은 지혜롭다. 어떤 상황을 만나든 평온을 유지하는 방법을 보유한 사람은 현명하다. 고통을 일상으로 받아들이고 그것과 놀 줄 아는 사람은 삶의 달인이다.

누구나 몸과 마음을 앓는다. 삶의 값이다. 존재한다는 것은 외부를 향한 대항과 저항의 에너지를 유지하는 일. 다치고 피 흘리는 과정을 통해 자라고 성숙한다. 성장의 기본 요소인 세포 분열은 하나가 둘로 나뉘고 찢기는 아픔을 동반한다.

인간의 고통과 좌절은 관계의 단절에서 비롯된다. 소외되고 이해받지 못한다고 느낄 때 고독하고 불행하다. 믿었던 상대에게서 더 큰 상처를 입는다. 내 처지를 이해해주리라는 기대부터 잘못되었음을 알아차린다. 인간은 결국 혼자라는 것을 잊은 잘못도 있다. 사람은 자기 생각의 틀 안에서 상대를 받아들인다. 듣고 싶은 말만 듣고 보고 싶은 것만 본다.

한 사람과의 관계가 어그러지면 도미노현상이 일어난다. 이제껏 견고하다 생각했던 모든 삶의 체계가 와해되는 공황 상태를 맞는다. 인생관에 대대적인 수정이 불가피해진다. 허물벗기다. 잘 이겨내면 성숙과 도약의 발판이 되고 실패하면 좌절과 불신에 빠지고 죽음이 가깝게 느껴진다.

나는 지금 차가운 바닷물에 들어가고 싶다. 심장이 더 이상 고통을 견딜 수 없을 때까지 찬물 속에 몸을 가두고 싶다. 물 밖으로 뛰쳐나오면서 이 세상을 사랑으로 대할 수 있는 힘을 얻고 싶다. 몇 번이나 물속으로 들어가야 반듯이 서고자 하는 흔들림이 무심한 일상이 될까.

나는 지금 바닷물 속에 들어가야 한다.

# 수구(水球) 위에서

지구(Earth). 위성사진에 찍힌 지구는 코발트빛 생명력으로 충만하다. 천체의 신비한 에너지가 이 작은 별에 모두 몰린 듯하다. 지구를 감동적으로 묘사한 사람 중에 미국의 천문학자 칼 세이건이 있다. 1990년 보이저 1호가 찍어 보내온 지구의 사진을 보고 그는 목이 메어 영감적인 탄성을 외쳤다.

"창백한 푸른 점!"

"여기가 우리의 고향이다. 이것이 우리다. 우리가 사랑하는 모든 이들, 우리가 알고 있는 모든 사람들, 당신이 들어봤을 모든 사람들, 예전에 있었던 모든 사람들이 이곳에서 삶을 누렸다. … 인간 역사 속의 모든 성인과 죄인들이 여기 태양빛 속에 부유하는 먼지의 티끌 위에서 살았다. … 우리가 사는 이곳은 암흑 속 외로운 얼룩일 뿐이다. … 이 창백한 푸른 점보다, 우리가 아는 유일한 고향을 소중하게 다루고, 서로를 따뜻하게 대해야 한다는 책임을 적나라하게 보여주는 것이 있을까?"

지구가 푸른 이유는 물이 많아서이다.

1969년 달에 인류 최초로 족적을 남긴 닐 암스트롱은 달에 가서 무엇을 보고 왔느냐는 질문에 답한다.

"제가 사는 지구가 참 아름답다는 것을 보고 왔습니다."

지구가 황량하지 않은 이유는 물이 있기 때문이다.

로렐 클라크도 지구의 진면목을 본 사람 중의 한 명이다. 2003년 우주를 탐사하고 돌아오는 길에 콜롬비아 우주선과 함께 산화한 여인. '나는 아름다운 지구를 보았습니다'라는 제목으로 우주에서 지구인들에게 보낸 그녀의 이메일에는 신비롭고 역동적인 지구가 생생하게 묘사되어 있다. '태평양 위를 가로지르는 섬광들, 호주를 에워싼 수평선을 밝히는 오로라, 높은 산을 뚫고 도도히 흐르는 강물들….' 그녀가 우주에서 바라본 지구는 물빛으로 빛난다.

지구는 물에서 탄생되었다고 한다. 지구의 근원이 물이니 그 속에서 태어나는 모든 생명의 원천도 물이다. 지구의 70

퍼센트가 물이듯 사람을 비롯한 모든 동물을 구성하는 성분도 70퍼센트가 물이다. 사람도 물속에서 잉태되고 물속에서 자라다가 세상에 잠시 나와 살고는 물로 다시 되돌아간다. 모든 생명은 물에 대한 향수 본능을 지니고 있다.

지구가 신성한 이유는 물이 있기 때문이다. 물로 말미암아 모든 생명이 존재한다. 고대 그리스의 철학자 탈레스는 물을 모든 생명의 근원이라고 선언했다. 아리스토텔레스는 물을 대지의 혈기라 했다. 이태준은 우리가 살고 있는 이 행성은 지구(地球)가 아니라 수구(水球)가 더 적절한 명칭이라고 말했다.

# 백하(白河)

강을 만났다. 예상치 못한 선물이었다. 숲이 울창하게 우거진 산허리를 달리는 동안, 강은 어디에선가는 같은 방향으로, 어디에선가는 다른 방향으로 흘렀다. 강폭이 넓어지기도 하고 좁아지기도 하고 사라지기도 했다. 햇볕을 받아 반짝이기도 하고 나무 그늘에 묻히기도 했다. 빠르게 흐르기도 하고 천천히 흐르기도 했다. 어느 방향이든 어느 모습이든 강은 늘 나와 함께 있다는 신호를 보냈다. 그렇게 백두산 허리를 감싸고도는 압록강을 만났다. 강은 전혀 낯설지 않았다. 왠지 나는 이 강을 안다는 생각이 들었다.

진분홍 진달래가 산등성이 곳곳에 피어있었다. 양지 바른 곳에 흐드러지게 핀 꽃은 잎이 넓고 밝고 연했다. 그늘에 핀 꽃은 작은 꽃잎을 다소곳하게 오므리고 진한 빛을 띠고 있었다. 천지화란다. 천지연에서 내려오는 물의 기운을 먹고 자라는 꽃. 세상에서 흔히 볼 수 있는 진달래가 아니다. 이곳에서만 만날 수 있는 유일한 꽃이다. 천지화를 발음하는 순간, 천상 위를 나는 듯 세속의 일들이 까마득하게 멀어졌다.

중국 국경과 맞닿은 북한 땅 두 군데를 일별했다. 혜산 시가지가 압록강 너머로 한눈에 들어왔다. 강변도로를 바삐 오가는 북한 주민들의 모습이 오래전 어디에선가 보았던 장면처럼 익숙했다. 두만강을 가로지르는 도문대교에서는 남양주 마을이 건너다 보였다. 강가에 내려와 물장난을 하는 아이들, 빨래하거나 자갈과 모래를 들것에 퍼 나르는 아낙네들이 그지없이 평화로워 보였다. 내 고향 마을을 가로질러 흐르는 강이 불현듯 떠올랐다. 유년 시절이 눈앞에 고스란히 재현되는가 싶을 만큼 낯이 익고 정겨운 풍경이었다. 영화 필름처럼 스치듯 지나친 두 군데의 강변마을이 오랫동안 뇌리에 남았다.

물이 있는 곳에는 사람이 산다. 심장과 감정을 가진 사람들. 따뜻한 피가 흐르는 사람들. 강은 국경선도 이념도 따지지 않는다. 어디에 살든 강으로 내려오면 세상 시름을 잊고 물이 베풀어주는 은택 속에 행복해진다.

강둑에 앉아 흐르는 두만강 물을 바라보니 만감이 교차했다. 나는 이 물을 예전부터 알고 있다는 느낌이 강하게 들었다. 이전에 한 번도 오지 않았던 중국의 낯선 도시에서 처음 만난 이 강을 확실하게 알고 있다는 이 느낌은 어디서 오는 것일까?

강가로 내려갔다. 처음에는 강물에 손을 적시다가 나중에는 발마저 담갔다. 흐르는 물의 저항을 견딜 수 있는 데까지 들어가 하염없이 서있었다. 흘러내려오는 물을 올려다보기도 하고 뒤로 돌아서서 흘러가는 물을 내려다보기도 했다. 두 눈을 감고 물 냄새, 물 기운을 깊이 들이마셨다. 물도 나를 알고 있다는 확신이 들었다.

이 물은 천지물이다. 천지에서 넘친 물이 북쪽으로는 송화강, 서쪽으로는 압록강, 동남쪽으로는 두만강으로 흐른다. 사람들은 천지가 발원지인 강은 송화강 한 개뿐이고 압록강과 두만강은 시원이 다르다고 말한다. 나는 믿지 않는다. 심층수의 경로를 알고 있기 때문이다. 지표면 위로 흐르다가 바위와 돌과 모래로 이루어진 곳에 이르면 지면 아래로 스며들어 땅속 물길을 따라 흐르는 물. 그러다가 땅속 온도와 지형에 따라 어디에선가는 지표면으로 올라오고 그렇게 한참 흐르다가 환경에 따라 다시 지하로 내려가 흐르는 물. 그렇게 들고나기를 끊임없이 반복하는 물. 천지에서 흘러내린 물도 하류로 내려가는 동안 땅속으로 숨어들기도 하고 지표면으로 올라와 흐르기도 하면서 각기 다른 이름으로 태어난다.

심층수 이론이 아니면 중국 대륙과 한국을 통틀어 가장 긴 압록강의 존재를 어찌 해석할 수 있는가. 2,750미터의 높은 산봉우리 어디에서 물을 내어 925킬로미터 길이의 강물을 만들 수 있는가. 수심 380미터가 넘는 천지에서 솟아나는 지하샘물이 아니면 압록강의 수량과 길이를 어찌 설명할 수 있는가. 천지로부터 상당히 떨어진 두만강의 발원지도 천지가 아니면 설명이 궁색해진다. 주변의 계곡에서 모이는 물의 양으로는 어림없다. 심층수의 여정을 그려보라. 압록강과 두만강의 시원은 천지이다.

물속에 발을 담그고 서있노라니 친근감과 정겨움으로 소름이 돋았다. 물을 응시할수록 무념 상태가 되었다. 내려오는 강물을 바라보니 세차고 거침없이 흐르는 물소리가 더욱 청명하게 들렸다. 내려가는 강물을 바라보니 사람들의 평화로운 웃음소리와 말소리가 들리는 듯했다. 눈을 감으니 흐드러진 천지화가 수면 위에 선명하게 피어나는 듯했다. 나의 온몸이 진분홍빛으로 물드는 것 같았다. 내 몸의 피도 천지화의 향기를 머금고 흐르는 것 같았다.

그렇다. 나는 천지 물을 대면하고 있는 것이다. 바람과 천둥과 비와 눈을 거느린 백두산의 정기에 닿아있는 것이다. 대한민국의 얼을 대변하는 산과 물을 알현하고 있는 것이다. 저 남쪽 끝 한라산까지 유유히 흐르는 민족의 염원이 온몸으로 스미는 것을 감지하고 있지 않은가.

비로소 백하(白河)를 알게 되었다. 생애 처음으로 만난 단어는 가슴에 콕 들어와 박히더니 떠날 줄을 몰랐다. 계곡의 심한 굴곡에 부딪쳐 빠르고 세차게 흐르는 물결이 새하얗다 하여 붙여진 압록강의 애칭. 화산에서 분출된 흰색의 부석(浮石)으로 덮인 백두산에서 흘러내리는 물이어서 그렇게 부른다는 논리적인 근거보다, 일 년 중 8개월 동안이나 백설로 덮여있는 흰머리 산에서 내려온 물이어서 얻은 이름이라는 친절한 설명보다, 희디흰 물빛 이미지 때문이라는 정감적인 이유가 내게는 더욱 인상적으로 닿아왔다.

백하, 가만히 이름을 불러본다. 세상의 모든 계곡과 호수와 강과 바다의 시원을 만난 것처럼 마음이 엄숙해진다. 흰색으로 이루어진 형상이 품고 있는 정결함에 압도된다. 백하, 부르면 부를수록 주문(呪文) 같다. 희디흰 강, 白河. 백하라는 음절을 입 안에서 공글 때마다 태초의 언어를 만난 것처럼 경건해진다. 물과 연관된 신화의 이미지가 펼쳐지면서 태고의 시간으로 끌려들어간다.

옛날 우리 조상들은 정갈한 물을 떠놓고 천지신명께 소원을 빌었다. 왜 지상의 물을 천수(天水)로 삼으려 했을까? 물이 생명의 근원임을 알고 있었음에 틀림없다. 이집트의 물신 눈(Nun)도 모든 생명을 품은 원초의 물 자체를 의미한다. 그리스 신화에서도 물은 신들의 삶에 중요한 매개체이다. 대양의 신 오케아노스는 3천 명의 아들을 낳아 바다와 강을 다스리게 하고 3천 명의 딸을 낳아 바다와 강과 샘물의 요정이 되게 하였다. 사랑의 여신 아프로디테는 바다에서 탄생했다. 비너스는 하얀 물거품 속에서 태어났다. 나르시스가 자기애에 빠질 수 있었던 것은 맑은 물 때문이다. 그리스 신들은 굳은 맹세를 할 때마다 스틱스 강가로 나갔다. 맹세를 깨뜨리면 죽음과 맞먹는 대가를 치러야 하는 강이다.

세상의 모든 물은 하나로 연결되어 있다. 대서양과 태평양과 인도양은 이름만 다를 뿐 하나이다. 동해와 남해와 서해도 하나이다. 시골의 작은 옹달샘도, 산골의 좁고 낮게 흐르는 실개천도 하나이다. 세상의 물이 어느 곳에 존재하든 신화를 품고 있는 이유는 모든 물이 하나라는 데서 연유한 것은 아닐까? 물에 몸을 적실 때마다 형용할 수 없는 향수로 아련해지는 까닭은 물에 녹아있는 먼 나라의 이야기를 내 몸이 먼저 알고 반응하기 때문 아닐까?

물의 순환과 근원을 생각한다. 삼면이 바다로 둘러싸여 있는 반도 대한민국. 압록강과 두만강이 이 나라의 머리를 감싸고 축복의 세례를 내리듯 흐르고 있다. 하늘까지 품는다는 백두산 천지 물이 동서남북 끝동네까지 흐르는 것이다. 북단 강원도 고성까지. 동단 경남 울산까지. 서단 충남 태안까지. 남단 전남 해남까지. 백두산과 천지가 민족의 영산(靈山)과 영수(靈水)라고 불리는 이유에는 깊은 내력이 있을 것이다.

백두대간은 백두산에서 뻗어 내린 산맥이 지리산까지 이어져 그 길이가 1,400킬로미터에 달하는 산줄기이다. 천지에서 솟아나는 물이 낮고 낮은 곳을 채우고 장애물을 넘고 넘어 흐르고 흐르다가 대한민국의 모든 국토를 적신다고 믿는 것이 허황한 생각일까?

내가 좋아하는 섬진강의 시원은 진안에 있는 작고 작은 데미샘이다. 이 샘의 발원도 백두산 천지이다. 백하가 산과 산을 넘으면서 온갖 형태를 바꿔어 흐르다가 마침내 이곳에

도착한 것이다. 샘이 무엇인가. 지표면으로 올라온 심층수 아닌가.

그러니까 내 고향 마을을 끼고 흐르는 월천강은 백하의 지류인 것이다. 천지 물이 섬진강과 옥정호로 이어지고 내장호를 거쳐 내 고향 월천에 이른 것이다. 동진강, 정읍천, 내장 저수지, 금선 폭포는 각기 다른 이름을 가지고 있지만 모두 백하이다. 백두산 기슭에서 백하에 손발을 적시고 있는 나는 내 고향의 월천강물을 미리 만나고 있는 셈이다.

세상의 모든 물은 순환한다. 그 과정의 어느 단계에서는 반드시 흰색을 띤다. 북극과 남극에 있는 빙하는 검푸른 빛이 감도는 흰색이다. 남극 빙하의 두께는 4천 미터, 북극 빙하의 깊이는 5천 5백 미터라고 한다. 거대한 백산(白山)이다. 파도는 바위에 부딪칠 때마다, 해변에 닿을 때마다 흰색으로 변한다. 백하(白河)이다. 호수는 하얗게 얼어붙고 폭포는 희디희게 떨어지고 바닷물은 하얀 수증기 상태로 증발하여 흰 구름으로 응축된다. 백상(白像)이다. 그 구름은 흰 눈으로 떨어져 설국을 만든다. 겨울 눈 벌판이야말로 망망한 백양(白洋)이다.

흰빛을 띠고 있는 모든 것들은 물을 품고 있다. 하늘의 은하수(銀河水)는 별들이 흰빛으로 흐르는 냇물이다. 드넓은 하늘에 변화무쌍한 흰 구름은 하얗게 흐르는 운하(雲河)이다. 대부분의 흰 꽃들은 백하가 흐르듯 무리지어 피어난다. 맑은 물을 품어서일까? 흰 꽃들은 흰색보다 더 희다. 흰 꽃들을 찬찬히 들여다보노라면 사람의 눈에서 흘러나오는 눈물 같아 목이 멘다.

백하를 꿈꾼다. 사람이 먹고 마시고 씻는 모든 물은 어느 한때 백하였다. 물은 모든 생명 있는 것들의 근원이자 마지막 형태이다. 품어주고 받아주고 낮아지는 물의 속성을 닮고자 노력하노라면 나 언젠가 물이 되리라. 백하가 되리라. 백하처럼 살고 싶었던 꿈이 마침내 이루어지리라.

백하는 오늘도 내 안에서 심층수로 흐른다.

# 2.

# 영감의 섬을 아시나요

## 그랜드 캐년

그랜드 캐년은 미서부 애리조나 주 북부에 위치한 국립공원으로 1900평방 마일의 광활하고 웅대한 땅이다. 사우스 림과 노스 림 사이의 계곡은 콜로라도 강물에 의해 깎이고 넓어져 그 깊이가 1600미터, 폭이 30킬로미터에 달한다. 이 깊은 계곡을 청잣빛 콜로라도강이 오늘도 유유하고 도도하게 흐르고 있다. 총 연장길이 277마일, 고무보트로 건너면 2주일이 소요된다고 하는데 말만 들어도 꿈꾸는 마음이 된다. 비현실적일 만큼 주변의 캐년과 대조적인 강물빛을 바라볼 때마다 가느다란 희망 같은, 삶의 산소통 같은 위안을 얻는다.

# 바다를 닮은 사람들

오직 바다만 아는 바다가 있다 한다. 사람이 알고 있는 바다는 진정한 의미의 바다가 아니라 한다. 진짜 바다는 아무도 없을 때, 바다 홀로 있을 때, 자기 자신만을 위한 바다가 된다 한다.

내가 모르는 바다는 바다가 아니다. 내가 지금 바라보고 있는 바다만으로도 족하고 벅차다. 아무도 모르는 바다, 바다만 아는 바다, 그 눈물, 그 고독, 그 무게, 어찌 감당할 수 있는가.

샌 퀸튼(San Quintin)에서 이제껏 알지 못했던 바다를 만났다. 어느 새벽에, 아직도 어두컴컴한 시간에, 아무도 모르는 바다, 아무도 없어 온전한 바다를 만나버렸다. 푸른 침묵과 홀로 견디는 순수한 고독을 보아버렸다. 그리고 알게 되었다. 바다의 바다를 만난 사람들은 바다가 그들에게만 보여준 모습을 비밀로 간직한 채 살아간다는 것을.

바다를 닮은 사람들을 만나면 성실과 진실로 대해야 한다. 그들은 거짓을 금방 알아챈다. 자신만이 알고 있는 바다를 가슴에 품은 사람들을 만나면 존경해야 한다. 그들은 때에 따라 찾아오는 삶의 형태와 그 변화를 담담하게 포용한다. 바다와 하늘이 나누는 밀어를 엿들은 사람들을 만나면 그들의 이야기를 조용히 경청하고 배워야 한다. 그들의 지혜와 명철은 바다를 닮았다. 그들의 사고(思考), 그 깊이와 넓이에는 바다의 푸른 인장이 찍혀 있다.

그들에게 외로움은 천부적이고 창의적인 재능이다. 든든한 바다가 배경이 되어주기에 고독해도 충만하고 공허해도 외롭지 않다. 그들은 "너의 구석진 아픔과 모난 상처, 남모를 네 눈물 가려주마."라는 바다의 전언(傳言)을 체험한 사람들이다. 낮고 구석진 곳을 찾는 겸손함이 물이 지닌 가장 무서운 속성이요 함부로 대할 수 없는 위엄임을 보여주는 사람들이다. 그들은 옆에 있는 사람을 편안하게 해준다. 삭막한 관계에 봄비 같은 촉촉함과 유머를 공급한다. 사람의 뜨거운 감정을 물기로 식혀준다.

그들은 굳이 바다를 찾지 않는다. 세파에 다쳐 피를 흘릴 때마다 위로와 치유를 받을 수 있는 바다를 이미 마음속에 들여놓았기 때문이다. 인생은 굽이굽이마다, 기쁘든 슬프든, 행복하든 불행하든, 자신의 선택에 따라 삶을 진정 가치 있게 만들 수 있다는 것을 그들은 알고 있다. '인생의 어떤 곳이나 조심스럽게 파헤치면 손이 닿는 곳에 인생 항로의 선물이 숨어 있다.'는 사무엘 울맨의 시구절을 영혼으로 이해하는 사람들이다.

깨어 살피면 어디서나 삶의 보석을 발견할 수 있다. 바다를 닮은 사람들을 만날 수 있다.

# 손가락 꽃

가늘고 작은 손가락 꽃. 손가락마다 물기를 통통하게 머금었구나. 이파리 한 장 한 장이 손가락이구나. 그 끝으로 꽃송이를 받쳐 들었구나. 의연하여라. 바닷물이 드나드는 둔덕에 뿌리를 내리고 생명을 피우는 꽃, 데돌리토(Dedolito). 썰물에도 밀물에도, 거센 파도에도, 달과 지구의 세찬 기싸움에도, 휩쓸리지 않고 초연히 무리지어 살고 있네.

소금물을 마시고 살면서도 소금기를 품지 않은 꽃. 작고 가는 손가락만큼 가늘고 기다란 뿌리를 성긴 모래밭에 얼기설기 내리고 서로를 붙들어주며 그렇게 살고 있구나. 앙증맞은 꽃까지 피웠구나. 불굴의 의지와 인내가 꽃송이에 얹혀 빛난다.

데돌리토, 너는 차고 모진 바람 넘나드는 모래 언덕 곳곳에 생명의 초롱을 밝혀놓았구나. 밤에는 바람과 파도에 시달리고, 낮에는 모든 것을 태워버릴 듯 이글거리는 태양열에 지쳐서 삶을 포기하고 싶기도 했으련만 꽃잎 한 장 다치지 않게 지켜내고 오히려 간들간들 환하게 웃는 너. 꽃이파리 찢기지 않도록 아예 실처럼 가늘게 나누어 놓았구나. 어떤 바람이 훑고 지나가도 초연한 자태라니. 하루를 꽃 피운다 해도 가치 있는 존재. 너의 진보랏빛 미소를 대하노라니 대견하고 흐뭇하다. 너의 이름을 부를 때마다 마음이 먹먹해진다.

나 무엇을 불평할 수 있을까. 아픈 현실 어찌 토로할 수 있을까. 소금물 먹고 민물 만들어 꽃을 피우는 너를 알아버렸으니. 거친 파도 속에서도 이토록 소담한 꽃을 피워내는 너를 만나버렸으니.

어려운 환경 속에서 깊은 성찰을 얻고, 좌절과 낙담의 어둠 속에서 더욱 순수해지고 밝아지는 지혜를 갖춘 너. 숭고한 너를 내 안에 곱게 모셔 들인다.

# 영감의 섬을 아시나요

영감의 섬에 가보셨나요. 스피릿 아일랜드(Spirit Island). 파란색과 녹색을 띤 물들이 14마일 길이로 펼쳐져 있는 멀린 호수(Maligne Lake) 끝자락에 있는 조그만 섬. 스무 그루의 나무가 둥그런 모양으로 자라고 있지요. 세상에서 가장 작은 성지랍니다.

섬이 품고 있는 상징성이 가슴을 가득 채웁니다. 캐나다 록키산맥의 화룡정점. 재스퍼 국립공원의 꽃. 신비롭고 평화로운 샹그릴라의 혼이 담긴 영감의 호도(湖島).

길게 크게 깊게 느리게 숨을 쉬세요. 호흡은 육체와 정신을 연결하는 매개체이지요. 심신을 정화시켜주는 인도의 명상호흡을 아시나요. 네 번에 나누어 숨을 한 번 크게 들이

쉬세요. 일곱 번 숫자를 세는 동안 숨을 멈추었다가 여덟 번으로 나누어 천천히 그 숨을 내어보내세요. 오랫동안 쌓인 심신의 먼지가 씻겨나가는 것을 느낄 수 있어요.

오랜 소원이 있나요. 그 염원, 호흡에 실어보세요. 섬이 발산하는 청정한 에너지가 그 기원을 우주로 속히 실어 날라줍니다. 마음이 벅차서 막상 소원이 생각나지 않아도 경건한 마음으로 기도하고 싶은 마음이 샘솟아요.

낯선 곳에서 평안과 안정을 느끼는 일이 쉽지 않아요. 머무는 장소마다 특유의 정서가 있지요. 까닭 없이 마음이 경건해지는 곳이 있어요. 그곳의 자연이 주는 메시지에 압도당하는 때가 있어요. 자연은 만국통용어, 빛의 속도로 가슴에 날아와 확실한 언어로 새겨지지요.

새롭게 삶을 시작하고 싶은 사람, 상처를 치유 받고 싶은 사람, 질주하는 삶의 속도를 잠시 늦추고 숨을 고르고 싶은 사람들이 찾는 곳은 어디일까요? 자신의 내면을 들여다보고 싶은 사람들이 선택하는 장소가 있다면, 자신을 낮추고 낮아진 자신과 대화할 수 있는 장소가 있다면 어디일까요?

스피릿 아일랜드는 그중 한곳이라고 추천하고 싶어요. 그 작은 섬을 대면하자마자 충만하게 차오르는 평안과 감동을 어찌 설명할 수 있을까요? 이 섬이 내내 이 자리에 있어

많은 사람들에게 영감과 지혜와 위로를 주는 신의 선물이 되기를 간절히 바랍니다. 캐나다 캘거리의 맑은 물이 지닌 정기가 그대의 삶 속에 더욱 깊이 배어들기를 소원합니다.

그 섬에 가거들랑 영혼 한 자락 떼어놓고 오세요. 언제든 그곳에 다시 가야 해요. 내려놓은 영혼을 찾아오기 위해.

# 동전 조개

부드러운 백사장에 얼굴을 반쯤 가리고 숨어있는 너. 둥그런 모양이 참으로 넉넉하고 소담하구나. 등마다 크고 작은 다섯 장 꽃잎이 박혀있네. 세미한 숨구멍들이 촘촘하게 열을 지어 데이지 꽃잎을 만들었구나. 샌드 달러(Sand Dollar). 숨마저 곱게 쉬는구나. 너의 숨 쉬는 법을 배우면 내 모난 생각도 데이지처럼 예쁘게 피어날까. 나의 거친 호흡도 순연해질까.

둥글게 살고 둥글게 움직이는 너. 지나는 곳마다 부드럽게 다독이는 너. 거센 바다, 두려운 바다와 맞설 만한 아무런 무기도 지니지 못했건만 낙심하지 않는 너. 여린 본성대로 자유롭게, 본연의 속도와 방식대로 천천히 사는 너. 나도 너처럼 둥글둥글 숨 쉬고 섬세하게 움직이며 살 수만 있다면.

어느 환경에서든 어느 형태로든 충만한 삶을 살 수 있다고, 침묵으로 온몸으로 웅변하는 너. 네 앞에서는 입을 다물겠다. 향기 나는 꽃, 시원한 그늘을 드리워주는 나무, 탁한 공기를 씻어주는 바람이 옆에 있으니. 언제든 위로받을 수 있는 하늘과 바다가 가까이 있으니. 해바라기를 할 수 있는 따뜻한 태양과 노래를 부를 수 있는 부드러운 달이 함께 있으니. 짓밟힌다 해도 생명을 잃는 것이 아니라 언젠가 회복할 수 있는 상처이니. 오히려 철처럼 단련되어 삶을 너그럽게 바라볼 수 있는 아픔이니. 사는 게 힘들다고 감히 한마디도 말할 수 없다. 네 앞에서는.

네게 주어진 삶을 당당하게 사는 너. 단정한 삶을 데이지 꽃으로 드러내는 너. 그 비결을 내게 가르쳐주렴. 너처럼 예쁜 삶의 문양을 남기고 죽음을 맞이할 수 있다면 아무것도 두렵지 않으리.

# 달〔月〕, 가슴에 들다

서호(西湖)를 읽는다. 중국 저장성 항저우 시 구역에 있는 반자연 반인공 담수호. 이 고장 출신 서시가 그리도 아껴 서자호라는 별명까지 얻은 호수. 배 위에서 이곳저곳을 그녀의 시선으로 탐닉한다. 계절과 기후와 시간에 따라 아름다움이 달라진다는데. 달 밝은 밤이나 일출 때 호수의 자태가 선경이라는데. 호수 면에 줄지어 선 연록의 수양버들이 비경이라는데. 새벽에 물안개가 오르고 저녁에 산 그림자가 내리는 풍경이 절경이라는데.

호수 한가운데 떠서 서호에 얽힌 남녀상열지사를 듣는다. 아름다운 여인으로 변신한 흰 뱀신과 평범한 인간 남성과의 운명적인 만남. 남장 여자 축영대(祝英台)와 그녀를 흠모하는 양산백(梁山伯)의 애절한 사연. 사랑 이야기는 화려하고 환상적인 송성가무(宋城歌舞) 쇼가 아니다. 어느 나라 어느 시대든 절절하고 애틋한 현실이다.

서호는 한 곳에 머물지 않고 계속 흐른다. 묵은 물을 운하로 내보내고 청청한 물을 받아들여 늘 새롭게 단장한다. 호수에 사랑의 레전드가 넘쳐나는 이유다. 한 순간 한 장소에 머무르지 말고 계속 진행할 것. 시간의 흐름에 따른 변화를 받아들일 것. 서호가 가르쳐주는 사랑의 법칙이다. 사랑의 지혜를 구하는 사람은 서호에 와서 배우라.

호수 한가운데 석탑 3개가 멀지도 가깝지도 않게 서 있다. 석등이다. 크고 작은 공 모양으로 곱게 다듬은 돌들을 조화롭게 얹어놓은 탑. 중간에 자리한 가장 큰 돌에 다섯 개의 구멍이 뚫려있다. 보름달이 뜬 밤에 그 안에 불을 켜면 석등의 불빛이 마치 작은 보름달처럼 보인다고 한다.

석탑을 도는 동안 '서호에 뜨는 서른여섯 개'의 달에 얽힌 사연을 듣는다. 3개의 석등에 난 구멍을 통해 15개의 달이 뜨고 15개의 달 같은 등불이 호수 면에 반사되어 또 다른 15개의 달을 만든다. 30개의 달에 6개가 더해진다. 하늘에 있는 달. 호수 면에 뜬 달. 술잔에 뜬 달. 연인의 눈동자에 깃든 두 개의 달. 마음에 뜬 사랑의 달. 중국인의 멋진 풍류가 고스란히 배어있는 사랑 이야기.

어찌 서른여섯 개뿐일까. 상상의 날개를 펼치니 사면팔방에서 달이 떠오른다. 사랑의 달이 무한하게 펼쳐진다. 연인의 술잔에 뜬 달. 연인의 마음에 돋는 달. 연인이 바라보는 내 두 눈동자에 반사된 달….

아서라, 서호에 뜨는 달이 서른 개든 서른여섯 개든 무슨 상관일까. 서호가 아니어도 된다. 밤하늘에 뜬 달 하나여도 좋다. 하늘에 달이 없어 캄캄한 암흑이어도 무방하다. 마음속에 살아있는 달 하나면 족하다. 그 달로 그대를 바라볼 수 있다. 마음속에 달을 품으면, 사랑이 있으면, 빛이 있으면, 두려움이 없다. 세상을 넉넉히 밝힐 수 있다.

호수 면에 내려앉아 반짝이는 햇살이 눈부시다. 바람이 부는지 호숫가의 수양버들이 일제히 몸을 흔든다. 현란하게 뒤채는 물비늘 물비늘들. 그 파편들이 무수한 달이 되어 서호를 채운다.

서호 한가운데 떠서 밝고 따뜻한 세상을 꿈꾼다. 그대가 나의 마음을 환히 알 수 있고, 내가 그대의 마음을 속속들이 볼 수 있는 세상을 고대한다.

# 맹그로브의 지혜

바닷물이 출렁이는 넓은 해변 한가운데에 턱, 뿌리를 내리고 사는 배짱 좋은 나무. 쉼 없이 부딪쳐오는 파도에 휩쓸려가지 않도록 뿌리와 뿌리를 한 덩어리로 단단히 얽어 엮고 살아가는 나무. 바닷물에 몸통의 절반을 담그고, 스치는 바람에 조응하여 가만가만 앞뒤로 뒤채는 이파리들을 보라. 의연(依然)의 참뜻을 돌아보게 한다.

나무 속 수분은 민물이다. 짠 바닷물을 몸 안에 받아들여 민물만 거두는 지혜. 산소가 부족한 뿌리에서 각고의 노력으로 산소를 흡수해서 나무 전체에 공급하는 헌신. 짧은 기간 동안 키를 키우고 가지를 불리고 군락을 만드는 열정. 그 인내, 협동심, 순발력이 경이롭다. 그 기지와 생명력이

놀랍기만 하다.

세상의 유명 건축가들이 너를 연구하면 살아 숨 쉬는 건물, 견고하고 쾌적한 공간을 지을 수 있을 것이다. 환경공학자들은 지구의 70퍼센트를 차지하는 바다를 식수로 활용하는 법을 발견하리라. 생화학자들은 대기 가스를 분류 저장하여 독소가 늘어나는 이 지구를 구할 수 있으리라. 생태학자들은 질병으로 신음하는 인류의 불행을 감소시킬 방안을 얻을 것이다.

썰물에 드러난 뿌리, 볼수록 절묘하다. 진흙 속 깊이깊이 내려가 있는 지지 뿌리. 그 뿌리 파도에 쓰러지지 않도록 몸통에서 각을 이루며 빠져나와 단단히 받쳐주는 삼발이 뿌리. 바다와 토양의 영양분을 한 톨도 흘려보내지 않고 섭취하는 실뿌리. 세 종류의 뿌리가 하나로 뭉치니 천하무적, 이루지 못할 일이 없다. 세 사람이 맘을 맞추면 아무리 힘든 세상일도 어렵지 않게 헤쳐 나갈 수 있으리라.

이파리의 활동도 눈부시다. 소금물에서 걸러낸 민물을 낭비하지 않으려고 온갖 정교한 솜씨를 발휘한다. 잎의 앞면은 수분의 소모를 줄이기 위해 촛농 같은 유액으로 감싸고 뒷면으로는 소금기를 배출하는데 도돌도돌 고르지 않고 버짐 핀 얼굴처럼 군데군데가 허옇다. 그럼에도 불구하고 괴롭다 불평하지 않고 바닷바람에 살랑거리며 온몸으로 삶을 노래하는 자세가 대견하다. 생명줄 같은 민물을 보존하고자 작열하는 태양과 맞장을 뜨는 투혼이 눈물겹다.

어린 씨앗은 성장하기도 전에, 모체에 붙어있는 동안 발아한다지. 발아한 나무는 곧바로 씨앗을 만든다지. 길고 가볍고 뾰족한 열매는 둥둥 떠서 파도에 이리저리 떠밀려 다니다가 좋은 환경을 만나면 그 땅에 자기 몸을 깊이 묻어 뿌리를 내리고 자라나 거대한 군락을 만든다지.

맹그로브 숲을 돌아본다. 이 끝에서 저 끝이 보이지 않을 만큼 울울창창하다. 해안의 한 귀퉁이를 점령하고, 망망대해에서 거침없이 밀려오는 파도를 집단으로 맞서고 있다.

숲에서 한참 떨어진 곳에 서 있는 어린 맹그로브 두 그루를 보았다. 마을에서 파견한 전령들인가. 밀물과 썰물에도 쓰러지지 않고 허리 꼿꼿이 세운 모습이 정물처럼 새치름하다. 눈귀 없고 손발 없는데, 동물처럼 자유롭게 이동할 수도 없는데, 여린 가지와 이파리로 드넓은 바다를 두려워하지 않는 기개가 대단하다.

조만간 이들이 서있는 곳까지 맹그로브 숲은 확장 될 것이다. 생명을 지키고 키우기 위해 발달된 직감과 안목, 기회와 행운을 알아보고 붙잡는 이들의 지혜가 부럽다. 비전을 바라보며 후대를 기르고 가르쳐 넓은 바깥세상으로 내보는 따뜻한 모체와 커뮤니티가 존경스럽다.

어느 새벽 산책 중에 두 그루의 어린 맹그로브 나무를 만났다. 이들은 밑둥치를 바닷물에 담근 채 서로를 정답게 마주보고 서있었다. 너무 가깝지도 멀지도 않은 거리. 마음이 놓였다. 캄캄한 밤이나 거친 폭풍우가 두렵지 않으리라. 외롭지 않으리라. 땅속 깊은 곳에서 뿌리와 뿌리를 서로가 서로에게 단단히 얽어매고 붙잡아 줌으로 쓰러지지 않으리라. 어느 날 몸이 굵어지고 가지가 자라나고 이파리가 무성해지면 너와 나의 구분이 없어지리라. 사람들은 한 그루의 나무로 알리라. 서로가 서로에게 의지하되 각자 독립적이고 자유로운 두 영혼. 연지리보다 더 감동적이다.

남태평양 피지 섬 나투부 크릭 마을을 감싸고 있는 바닷가에서 맹그로브 나무 두 그루를 만났다. 그들이 말하더라.

"서로서로의 힘과 지혜를 하나로 모으면 생명을, 온천하와도 바꿀 수 없을 만큼 소중한 생명을 보전할 수 있단다."

# 꼬냐오의 우물

아프리카의 오지, 꼬냐오에 왔습니다. 우물을 만들어 주는 선교팀에 묻혀왔습니다. 엘에이에서 네덜란드 암스테르담을 거쳐 케냐의 수도 나이로비에 닿았습니다. 엘도렛을 경유하여 8시간을 달린 후에 서른세 살의 젊은 추장이 다스리고 있는 마을, 꼬냐오에 마침내 도착했습니다. 집에서 예까지 오는데 이틀이라는 시간이 꼬박 걸렸습니다.

물을 직접 캐낼 현지인 기술자 10명도 합류했습니다. 굴착기, 분쇄기, 에어 컴프레서, 수십 개의 쇠 파이프 등, 무거운 장비를 실은 대형 트럭 두 대랑 함께 왔습니다.

땅을 파내려간 지 하루 만에 바위를 만났습니다. 얼마나 넓고 두터운지 알 수 없지만 하던 일 계속할 수밖에 없습니다. 바위를 뚫는 작업이 힘겹습니다. 하얀 돌가루가 지상으로 뿜어 나오는 모습이 장관입니다. 그 옆에 잠깐만 서있어도 온몸이 두터운 돌먼지로 뒤덮입니다.

바위를 뚫은 뒤에도 시추작업이 계속되었습니다. 과연 물을 얻을 수 있을지 막막합니다. 지하 150미터에서도 물이 나오지 않으면 작업을 포기해야 합니다. 그렇게 깊으면 물을 끌어올리는데 문제가 있다 합니다. 간절한 마음으로 두 손을 모읍니다. 물을 얻으려면 인간의 힘이 아니라 하늘의 도움이 절대적으로 필요합니다.

어느 순간, 퍽, 물줄기가 땅 위로 터져 나왔습니다. 거꾸로 선 폭포수. 하늘로 치솟는 물을 바라보는 눈망울마다 물기로 가득합니다. 아, 나는 보았습니다. 흑요석처럼 빛나는 아이들의 커다란 눈동자마다 박혀있는 수십 수백 개의 우물, 우물들.

세상에는 어떤 감동도 존재하지 않는다고 당신은 말했지요. 이 물줄기를 보아요. 깊은 땅속에서 평화롭게 흐르다가 불현듯 지상으로 불려 올라온 심층수. 사람과 짐승, 채소와 곡식, 꽃과 나무를 살리고 키우는 물. 아름다운 음악도 영감적인 그림도 아니지만 살아있는 감동을 줍니다.

사람의 마음을 얻는 기쁨도 이럴까요. 사람의 마음을 얻는 일, 아프리카에서 물을 얻는 것보다 더욱 힘들다고요. 수맥검사로 물길을 짐작하듯, 사람의 한길 속을 스캔하는 방법이 있을까요? 마흔여덟 가지 감정을 모두 다 알 필요 없어요. 몇 가지만, 아니 단 한 가지, 사랑의 진실을 알 수만 있다면 다른 모든 것은 넉넉히 감당할 수 있을 것 같아요.

이제 가장 중요한 일이 남았어요. 길고 무거운 강철 파이프를 하나로 연결하여 물길에 닿게 하는 일. 네 명의 건장한 남정네들이 온 힘을 다해 땅속에 들어간 파이프를 붙들고 있는 동안 새 파이프를 연결합니다. 한사람이라도 기구를 놓치면 자칫 균형을 잃은 파이프는 깊은 땅속에 떨어져 버리고 그것을 건져 올리는 일은 새로운 우물을 파는 것보다 더 힘들다고 해요. 저는 숨조차 크게 쉬지 못하겠더라고요. 그렇게 열 개가 넘는 파이프가 마침내 연결되었습니다.

마중물이 필요 없는 작두펌프가 드디어 완성되었습니다. 산짐승들을 위한 물통도 만들었어요. 이 사람들은 상생의 법칙을 알아요. 마음이 자연을 닮았어요. 아니, 자연 그 자체입니다.

물맛이 독특합니다. 활성탄산수 같아요. 어어, 이상합니다. 물을 마시는데 몸속에서 뜨거운 마중물이 올라와 목으로 넘어가지를 않아요. 아아, 두 눈에서 눈물이 한소끔 쏟아지고 나서야, 그제서야 몸이 물을 받아들입니다.

수많은 손들이 작두펌프를 덮었습니다. 이 물을 마시는 사람들이 풍요롭고 행복해지기를 기원하는 의식이지요. 이곳에서 태어나는 아이들의 절반 이상이 다섯 살 이전에 수인성 질병으로 죽어요. 물이 없어 위생을 꿈 꿀 수 없는 여성들은 달거리가 하기 싫어서 계속 아기를 낳아요. 이제부터는 이런 일이 없었으면 합니다. 태어나는 아기들이 건강하게 잘 자라나기를, 어린이들이 마실 물을 찾아 황토 벌판을 헤매는 시간에 교육을 받기를 기원했습니다. 교육은 삶의 질과 가치를 바꿀 수 있는 유일한 길이니까요.

코냐오의 아이들. 검은 눈동자에 바다랑 호수를 가득 들여놓은 아이들. 활짝 웃는데 웃음소리가 나지 않는 아이들을 위해 우물을 만들어 주고 왔습니다.

# 천평선(天平線) 운평선(雲平線)

태평양 연안을 따라 California Pacific Freeway를 달릴 때마다, 수평선은 물과 하늘 사이에 놓인 선(線)인 줄 알았다. 모하비 사막과 팜 데일 사막을 지날 때마다, 지평선은 땅과 하늘을 나누는 선인 줄 알았다. 자연에 존재하는 반듯한 선은 수평선과 지평선, 오직 이 두 가지밖에 없다고 생각했다.

하늘에 구름바다가 있다. 고도 3만 5천 피트의 창공에는 끝없이 펼쳐진 구름바다가 하늘과 맞닿아 있었다. 천평선(天平線) 혹은 운평선(雲平線). 그 운평선으로부터 태양이 솟았다. 그 찬연한 정염에 넋을 잃었다. 얼마 후, 천평선으로 태양이 졌다. 이 세상 어느 곳에서도 찾을 수 없을 만큼 비감한 보랏빛. 도무지 형용할 수 없고 공유할 수 없는 신비한 광경에 마음이 무너졌다.

로스앤젤레스에서 암스테르담, 암스테르담에서 나이로비까지 만20여 시간 하늘 상공을 날고 오르내리는 동안, 일출과 일몰을 각각 두 번씩 만났다. 해는 하루에 한 번씩만 뜨고 지는 것이라고, 일출과 일몰은 하루에 단 한번밖에 볼 수 없다는 생각을 그날 이후 버려야 했다.

세 번, 네 번도 가능한 것이다. 비행사였던 생떽쥐베리는 알고 있었다! 그러니까 어느 날엔가 마음이 무너져 내린 어린 왕자가 마흔세 번 의자를 옮겨가며 마흔세 번이나 해가 지는 광경을 연속적으로 바라보았다는 소설 속 문장은, 상상이 아니라 그의 체험이었다.

하늘 상공에서 두터운 구름을 뚫고 찬연히 솟아오르는 태양, 암갈색 구름을 물들이며 안타깝게 스러지는 태양을 그는 수없이 만났을 것이다. 그때마다 황홀하고 찬란한 광경 앞에 마음이 무너졌으리라. 어느 날, 일몰과 일출을 수없이 대면하면서 걷잡을 수 없이 쏟아지는 외로움을 다독이지 못하고, 태양을 향해 수직으로 기수를 돌려 그대로 솟구쳐 오르다가 산화해 버린 것은 아닐까.

암스테르담에 착륙할 때 비행기는 구름층을 여섯 개나 뚫고 내려왔다. 덩치 큰 비행기는 구름층을 하나씩 통과할 때마다 크게 흔들렸다. 구름은 아무것도 아닌 것이 아니었다. 하늘에 묶여있는 물이 바다에 담겨있는 물보다 더 두텁고 많다는 것을 알게 되었다.

하늘 궁창에는 물이 많다. 기화된 물 덩어리들이 몇 층으로 나뉘어 빽빽이 떠있다. 오랜 옛날, 40주야 동안 하늘의 깊은 샘들이 터지고 하늘의 창(窓)들이 열려 땅에 쏟아져 내렸다. 그 물이 땅에 창일하매 천하의 높은 산들이 모두 잠기고 노아의 방주는 150일 동안이나 떠있었다. 하늘에는 40일 동안이나 밤낮으로 쏟아질 만큼 많은 물이 있는 것이다.

나는 이제 안다. 바다가 구름이 되고 구름이 바다가 되는 이유. 하늘에 뜬 태양이 저녁마다 바다를 찾아가는 이유. 하늘은 바다의 다른 이름. 바다는 하늘의 쌍둥이. 나는 이제 비로소 안다. 바다가 껴안고 있는 빛과 하늘이 품고 있는 빛이 왜 서로 닮아있는지. 인랜드의 건조한 바람과 열기에 뼈가 녹을 때마다 바다가 보고 싶은데, 바다가 그리운데, 바다에 닿을 수 없을 때면, 왜 자꾸만 하늘을 바라보게 되는지. 바다를 안는다. 하늘을 안는다.

# 피지의 손

물속은 투명했다. 해안에서는 청잣빛으로 보이던 바다였다. 물속 깊이 침투한 햇빛이 길고 짧은 포물선을 그리며 모래바닥 위에서 어룽대었다. 바다의 마음은 이토록 맑구나. 다른 생명체들이 지닌 색들을 고스란히 드러내줄 만큼 이렇게나 선명하구나. 자신의 빛깔을 주장하지 않을수록 아름다움은 빛난다더니, 정말 그렇구나. 물빛을 닮을 것. 물처럼 될 것.

스노클 물안경을 통해 바라본 물속은 장관이었다. 이토록 강렬하고 선명한 세상이 있다니. 살아 움직이는 생명체가 이런 빛깔을 지닐 수 있다니. 남태평양 피지 레인보우 바다 속은 눈길이 닿는 곳마다 경이로운 광경이 펼쳐져 있었다.

청색과 노랑색 줄무늬 옷을 입은 버터플라이 물고기를 좇다가 방향을 잃었다. 산호와 물고기들이 뜸했다. 한적한 시골에 들어선 듯 커다란 바위들 사이로 무채색 물풀들이 넘실넘실 길게 자라고 있는 마을을 지났다. 열대어를 놓치고 정신을 차려 눈을 들어보니 나는 일행으로부터 한참이나 떨어져 있었다.

되돌아가야지, 서둘러 물속에 잠긴 순간 깊고 푸르고 어둑한 골짜기가 시야에 가득 찼다. 얼마나 깊은지 알 수 없는 색조의 밀림. 군청색, 녹색, 청색이 절묘하게 어우러진 그 속에서 신비한 기운이 솟구쳐 오르고 있었다. 무섬증이 온몸을 압도했다. 저 깊은 곳에 지하 미궁이 있는지 몰라. 저 오묘하고 푸른빛이 나를 휘감아 저 아래아래 심연으로 끌고 내려갈지도 몰라.

엄습하는 두려움. 잠깐 동안 호흡의 리듬을 놓쳐버렸다. 입과 코로 물을 들이키며 허우적거렸다. 호흡을 가다듬으려고 하면 할수록 몸은 균형을 잃고 허둥대었다. 머리를 물밖으로 내놓고 숨을 쉬면서 물안경 안으로 들어온 물을 털어냈다. 스노클은 쉬운 놀이가 아니다. 감히 물고기 흉내를 내다니, 참으로 잘못했다. 천천히 물속을 헤엄쳐 나갔다. 이제는 산호도 물고기도 보이지 않았다.

아임 로스트, I'm lost! 나는 어디에 와 있을까. 나를 잃어버리는 일은 이렇게 무섭고 두려운 일이구나. 땅에 발을 딛고 사는 동안 수없이 나를 잃어버렸는데 이렇게까지 두렵지는 않았다. 슬픔과 고뇌에 짓눌렸을지언정 급박한 생명의 위협은 받지 않아서인가. 곰곰 생각하면 나를 잃는다는 사실은 땅 위에서나 물속에서나 같은 깊이와 농도로 무섭고 두려운 일이다.

갑자기 나타난 손 하나가 잽싸게 나의 오른손을 붙잡더니 어디론가 빠르게 헤엄쳐 갔다. 가이드 시와(Siwa)였다. 아이엠 파운드, I am found! 살았구나! 나는 중력 제로의 물체처럼 그의 손에 이끌려갔다. 손은 부드럽고 따뜻했다. 바다에서 태어나 평생을 바다와 함께 살아온 남자의 손이 어찌 부드럽고 따뜻하겠는가. 물 때문이다. 물은 모든 것을 부드럽고 따뜻하게 만들어준다. 그러고 보니 바다 속은 온통 둥그스름한 형태를 띠고 있다. 부드러운 생명체 투성이다. 바다에서 살면, 부드러워지는구나. 바다의 마음을 지니면 부드러워지겠구나.

시와가 손가락으로 앞을 가리켰다. 바다 정원(庭園)이 한없이 펼쳐져 있었다. 밝고 화사한 생명의 기운이 넘쳐나는 곳. 햇볕이 깊숙이 들어와 물속 생명체들을 어루만지고 있었다. 참 이상하다, 물속은 가득 차 있는데 넉넉하고 자유롭다.

좀 전의 두려움은 어디론가 사라졌다. 나는 시와의 손을 잡고 천천히 유영하였다. 눈 아래로 펼쳐진 경이로운 세상을 구경하였다. 거리를 두고 바라보니 이토록 모든 것이 잘 보이는구나. 아름답구나.

부드러운 산호들이 모여 사는 마을. 온갖 기기묘묘한 형태와 빛깔로 화려 찬란한 산호들이 가득했다. 바위마다 온갖 모양과 빛깔의 산호초들이 빽빽이 붙어있어 바위의 원래 형태와 빛깔을 알아내기가 어려웠다. 거대한 시팬(seafan)이 곳곳에 호위병처럼 서있었다. 시와는 기다란 팔을 뻗어 산호들을 쓰다듬기도 하고 흔들기도 했다. 내 손을 잡아당겨 산호들을 만질 수 있게 해주었다. 오, 살아서 꿈틀거리는 생명의 감촉이라니.

말미잘, 바다 아네모네들은 분명 각자 색깔이 있는데 투명했다. 물빛을 닮아서인가. 주황빛, 청록빛, 분홍빛 말미잘들이 촘촘히 붙어있는 언덕은 꽃무늬 융단을 깔아놓은 것처럼, 다양한 빛깔의 크고 작은 꽃들이 활짝 핀 화원처럼 화려했다. 사랑을 갈구하는 촉수 촉수들. 해바라기보다 큰 청보랏빛 말미잘은 내 몸을 통째로 흡입해버릴 것처럼 크고 유혹적이었다.

물고기들이 자유롭게 유영하고 있었다. 종류를 헤아리다가 10가지를 채 넘기지 못했다. 한 번도 보지 못했던 모양과 빛깔과 문양에 넋이 나간 탓이다. 1,400종류가 넘는단다. 순도 높은 채색 옷을 입은 물고기들이 종류대로 크기대로 떼를 지어 방향을 바꿔가며 오가고 있었다.

진정 아름다운 존재들은 모두 바다 속에 모여 있는 것 같다. 이들은 땅이 온갖 재난을 당하여 신음한다 해도 이렇게 여전히 의연하고 유유하게 물속을 노닐겠지. 이들도 삶을 영위하느라 힘들고 어려운 장애물과 대치하며 살 텐데 어쩌면 이리도 유연할까. 삶이 놀이 같다. 조화로워서인가, 자유로워서인가. 조화와 자유는 일맥상통한다는 것을 확실히 알겠다.

손을 통해 나의 안정된 마음이 그에게 전달되었을 것이다. 시와가 내 손을 살며시 놓더니 좌우로 손을 흔들면서 사라졌다. 즐거운 시간을 보내라는 손짓. 나는 멀어져 가는 그의 옆모습을 보았다. 손으로 물살을 헤치고 앞으로 나가고 있었다.

손이 만드는 길. 사람은 바다 속에서도 길을 만든다. 땅에서는 발로 걸어서 길을 내고 바다 속에서는 손과 팔로 물

살을 헤쳐 물길을 만든다. 손의 용도를 한 가지 더 알게 된 기쁨이 컸다.

피지 바다에 다녀온 이후, 바다에 갈 때마다 내 손을 잡아주었던 피지의 손들을 생각한다. 피지의 바다 물빛을 닮은 미소를 가득 담아서 잡아주는 손. 악수한 손 위에 다른 쪽 손을 얹어 토닥여주고, 손을 떼기 전에 한 번 더 꼭 쥐고 흔들어주는 손. 차마 손을 거두지 못하고 그렇게 붙잡고 있다가 정에 북받쳐 와락 몸까지 끌어안는 손. 깊은 바닷물 속에서 걷잡을 수 없이 밀려오는 공포를 일순간에 잠재워주는 손. 세상은 아직도 아름답다고 말하는 손. 아, 피지에도 사람이 산다.

피지 바다가 진정 아름다운 이유가 있다. 따뜻한 손을 가진 사람들이 있어서다. 사람에게 가장 필요한 것은 서로를 붙잡아 주는 손이다.

# 3.

# 여자의 경(經)

· 오하카의 눈동자
· 썰물
· 여자의 경(經)
· 푸른빛에 물들다
· 옆줄
· 대동강이 그립다
· 바다의 선물
· 테코파 심층수

## 대동강과 주체탑

미국과 북한의 연합의학심포지엄 참석차 평양에 일주일 간 머무는 동안 대동강과 속 깊은 정을 나누었다. 이른 아침 물안개가 오르는 수면 위에 비친 주체탑은 사람들의 강인한 의지를 표상하는 상징물이라기보다는 횃불을 높이 들어 강을 지켜주는 등대처럼 느껴졌다. 대동강이 평양 주민들에게 나누어주는 은택을 생각하니 한없이 고맙고 또 고마웠다.

# 오하카의 눈동자

길을 잃었나, 깜짝 놀랐다. 아프리카 케냐 서쪽 끝, 꼬냐오에 사는 아이들만 흑요석 같은 눈동자를 지닌 줄 알았다. 아니네. 너희들, 멕시코 오하까 원주민 어린이들, 어찌하여 꼬냐오를 닮은 눈을 갖고 있는 것이냐.

동공마다 조그만 호수가 하나씩 들어앉아 있구나. 아침 바다가 출렁, 들어차 있구나. 이 세상의 모든 고운 물이 너희들 눈동자 속에 숨어있구나. 검고 검어서 더욱 맑고 깊구나. 물 쏟아질라.

어린아이 같아야 천국을 소유할 수 있다 했거늘. 가난한 너희들을 돕겠다고 먼 길 달려온 나는 부끄럽기만 하다. 신을 신지 않고 살아도 전혀 불편하지 않은데. 봄, 여름, 가을, 겨

울옷이 따로 없어도 넉넉하기만 한데. 디즈니 만화 영화가 없어도 즐겁기만 한데. 너무 커서 헐떡거리다가 벗겨져버리는 운동화를 꿰고, 어울리지 않은 티셔츠를 헐렁하게 입고, 좁고 어두컴컴한 방 안에 오밀조밀 모여앉아 현란한 색채로 혼을 빼앗는 디즈니 영화를 바라보고 있는 너희들.

하늘에는 저토록 달이 환한데. 별들이 저리도 반짝이는데. 바깥 공기가 이리도 청명한데. 땅바닥에서 뛰고 구르며 놀아야 하는데. 너희들에게 죄를 짓는구나. 맑고 순박한 너희들에게 도시의 어둠을 전염시키는 것 같아서 미안하기만 하다.

닮지 말거라. 동경하지 말거라. 바깥세상. 아프고 슬프고 외로운 곳이란다. 제 동족을 물어뜯는 짐승보다 더한 야만인들이 모여 사는 곳이란다. 수천 년 이어온 고전적인 삶의 방식을 지키며 살아가는 너희 부모와 선조들은 현명하고 지혜로운 사람들이다.

운동화를 벗어서 가슴에 꼬옥 껴안고 텔레비전 화면을 뚫어지게 바라보고 있는 너희들. 전자파가 쏘아내는 현란한 빛깔이 너희 눈동자에 고스란히 담기고 있구나. 물감을 뿌리는 대로 물이 드는 호수 호수들. 검고 검어서 푸른 기(氣) 마저 느껴지는 물.

오하카에서 알게 되었다. 어린이들은 어디에 살든 똑같은 눈빛을 지니고 있다는 것을. 눈은 빛이고 삶의 흔적이라 했다. 떠나온 지 오래되지 않아서 하늘의 빛과 흔적이 여전히 남아있기 때문일까. 어린 너희들의 눈을 오랫동안 바라보노라면 하늘이 생각난다. 하늘의 생각을 알 것 같다.

어린이들의 눈동자마다 맑은 호수가, 바다가 담겨있기 때문일까. 하늘나라에는 물이 많다는 것이 확실히 믿어진다. 하늘나라 사람들은 모두 희디흰 날개옷을 입고 맑디맑은 유리강가에서 수금과 비파를 타며 즐겁게 노래를 부른다는 것을 진정으로 믿는다.

호수가 담긴 너희 눈을 바라보며 간절히 기원한다. 나, 지금까지 흐려진 눈을 남은 생애 동안 맑게 닦으면서 살 수 있기를. 깨끗해진 눈빛으로 세상을 바라볼 수 있기를.

천 번 만 번 다시 태어나면 나, 너희들의 눈빛을 지닐 수 있을까. 그래, 지금은 잠시 이렇게 살자. 너희들은 그렇게 나는 이렇게. 너희들을 잊지 않고 너희들의 맑은 눈빛을 그리워하면서.

# 썰물

붙잡으려 하면 할수록 한 움큼씩 뒷걸음쳐서 달아나는 사랑 덩어리. 무엇에 끌려 그리 급하게 떠난단 말이냐. 누가 네 옷자락을 그렇게 뒤에서 잡아당기고 있는 거냐. 나의 두 눈에 너를 채 담지도 않았는데, 이미 오래전에 누군가 너를 차지하고 있다는 걸 알아버렸다. 네 마음을 온통 채우고 있는 낯모르는 존재, 아프고 슬프지만 보아버렸다. 괜찮다. 미안해하지 마라. 떠나는 너의 뒷모습 보여주지 않는 배려가 그래도 고맙다. 한 존재를 알게 됨으로써 겪는 고통과 외로움마저 풍요일 수 있음을 알게 해준 것도 감사하다. 아쉽다, 머리채 흔들며 주저주저 뒷걸음으로 물러가는 너의 고뇌, 그 한 가닥 진실만으로도 나는 이미 족하다. 파토스,

우아한 슬픔도 배웠으니 이만하면 됐다.

이상한 결속감을 더 이상 해석하지 않기로 하자. 너와 나의 관계가 이 세상 그 어느 범주에도 속하지 않는다고 당황하지 말자. 일반적인 규정의 틀에 가두려하지 말자. 날마다 마음을 탐구하노니, 상대의 눈동자를 통하여 세상을 보듯, 너를 통해 사람을 사랑하는 법을 배운다. 이제껏 알지 못했던 나 자신과 만난다. 예전에 미처 알지 못했던 감정들을 경험한다. 한 사람의 과거와 현재와 미래를 껴안는 일이 어디 쉬운가. 세상이 흔들리는 체험을 안겨준 네가 고맙다.

하고 싶은 말 많았다. 묻고 싶은 말 넘쳤다. 그 모든 말, 이제 모래톱에 묻는다. 파도 속에 숨긴다. 파도가 모래를 붙잡고 신음 섞인 울음을 터뜨린다. 모래 속에 묻은 아픔과 상처, 파도 속에 숨긴 혼란과 방황, 언젠가는 둥그러지고 잠재워지리라. 모래 틈에 스민 바람처럼 사라지리라. 썰물을 재촉하는 파도의 포말처럼 잘고 희게 부서지리라. 침묵만 남을 것이다.

붙잡지 않을 것이다. 지금까지 그래왔던 것처럼. 가거라, 머뭇거리지 말고 떠나거라. 다시는 돌아오지 마라. 자꾸 되돌아와 내 가슴에 못을 박는 너. 과거였다, 마음을 다잡으면 다시 현재가 되고 미래가 되는 그대. 이제는 더 이상 괴로워서 견디지 못하겠다.

썩 물러가거라, 썰물!

# 여자의 경(經)

여자의 몸에는 강이 흐른다. 여성의 대를 이어 흘러내리는 강. 주먹만 한 근육덩어리, 자궁이라 불리는 아기집에서 발원하여 한 달에 한 번, 일정기간 동안 흐르는 강. 난소에서 배출된 난자 하나가 연인을 고대하며 자궁벽을 두텁게 쌓고 밀실을 만들었다가 만남이 이루어지지 못하면 그 벽을 제 손으로 무너뜨리며 피눈물을 흘리는 강.

나의 유년시절은 한밤중에 엄마가 서답을 세탁하는 것을 목격함과 동시에 끝이 났다. 대야에 시뻘건 피가 흥건했다. 나는 놀라서 울음을 터뜨렸고 당황한 엄마는 핏물을 수채에 황급히 버리고 대야를 덮으셨다. 엄마가 조만간 죽지나 않을까, 걱정이 되어 숨넘어가는 소리로 오래오래 울었다.

그날 밤에 엄마는 여자의 생리에 대하여 설명해주셨다. 조만간 나도 엄마처럼 달거리를 할 거라고 했다. 나는 몸서리를 쳤다. 여자로 태어난 것이 저주라고 생각했다. 3, 4일 동안 밤낮없이 피를 흘리면서 어찌 살 수 있을까. 그 누수의 빈혈을 어찌 감당할 수 있을까. 엄마는 어떻게 지금까지 한 번도 내게 그런 모습을 보인 적이 없는가. 마당 그늘 구석에 따로 매인 빨랫줄에 널린 새하얀 서답을 보고도 그 용도를 알지 못했다. 엄마도 얘기해주지 않으셨다. 엄마는 달거리 때마다 모두가 잠든 밤에 홀로 우물가에 나와 서답을 빨고 옹색한 연탄불에 삶아 희디희게 간수하셨던 것이다.

얼마 지나지 않아 나는 초경을 맞았다. 요의도 변의도 전혀 없는데 도무지 알 수 없고 어찌할 수 없는 일이 발생한 것이다. 방문을 걸어 잠그고 살펴보니 아랫도리가 붉은 피로 범벅이 되어 있었다. 그렇게 나는 여자가 되었다.

내가 다녔던 흑산도중학교는 남녀공학이었고 한반에 여학생보다 남학생이 더 많았다. 나는 하루아침에 철없는 말괄량이에서 조신한 여자가 되었다. 앉을 때, 일어설 때, 걸을 때, 무척 조심스러웠다. 체육시간에는 빨리 뛸 수도 빨리 걸을 수도 없었다. 아프다는 핑계를 대고 양호실에 누워있었다. 육지에서 전학 온 나는 섬 아이들보다 유난히 조숙했다. 누구와도 나눌 수 없는 비밀을 안고 살았다.

달거리는 우리 집의 일상이었다. 엄마와 딸 넷은 한 달 내내 돌아가면서 누군가가 달거리를 했다. 모두들 소리 없이 잘 처리하며 살았다. 나는 달거리 때마다 배가 아파서 한의원에 가서 침을 맞거나 한약을 먹었다. 한의사는 자궁열이 풀리지 않아서 그런다며 시집을 가면 절로 낫는다 했다. 무슨 영문인지 몰랐지만 싱긋 웃는 그 남자와 환한 엄마의 표정을 보고 기분이 몹시 상했다.

언제 알았을까. 달거리란 고대하던 님을 만나지 못한 난자가 죽어가면서 흘리는 눈물이라는 것을. 그 뒤부터 달거리가 전혀 귀찮지 않았다. 피를 보아도 조금도 무섭지 않았다. 기다림의 의미를 알았던 것일까? 만나지 못하는 아픔을 알았던 것일까?

아이를 낳을 때마다 태반을 유심히 관찰했다. 그것은 자궁벽에 착상하여 아기와 나를 연결시켜준 끈이었다. 태반을 접할 때마다 사람은 핏덩어리임을 실감하곤 했다. 둥그스름한 핏덩이를 감싼 얇은 막 위로 도드라진 핏줄들이 얽히고설켜 있었다. 굵고 가늘고, 파랗고 붉고 검은 빛깔의 혈로들. 세 가닥의 굵은 수로를 둘러싸고 나무이파리의 잎맥처럼 섬세하고 가느다란 혈로들이 촘촘하게 펼쳐져 있는 모습이 경이롭기만 했다.

사춘기가 막 시작된 딸에게 엄마가 내게 말씀하셨던 것처럼 똑같이 얘기해주었다. 며칠 후에 딸은 초경을 맞이했다. 엄마가 무척 생각났다. 딸은 나처럼 달거리를 할 때마다 진통제를 먹고 조신하게 행동했다. 나는 어렸을 적 한의사와 엄마가 했던 똑같은 말을 딸에게 해주었다. 여자가 여자에게 전수하는 여자의 일은 비법에 가깝다. 할머니와 엄마와 딸에게로 끊어지지 않고 유유히 이어지는 강. 혈(血)의 강(江). 여자의 경(經).

여자의 몸은 붉은 강이다. 여자의 일생은 피와 동행하는 삶이다. 붉은색은 친근해질 수 없는 빛깔이지만 어느 때부턴가 더 이상 두려움을 주지 않는다. 여자가 남자보다 강한 이유는 달거리를 하기 때문이다. 여자가 달거리를 하는 연한이 쌓일수록 무슨 일이든 헤쳐 나갈 수 있는 저력도 함께 늘어난다. 매달 생명수를 쏟아내는 일보다 더 무서운 일이 세상에 어디 있는가. 여자가 완경(完經)을 맞이하는 시기에 이르면 세상을 무서워하거나 두려워하지 않는다.

# 푸른빛에 물들다

구불구불 길게 이어진 만(灣)을 벗어나 넓은 바다로 나갔다. 캐나다 밴쿠버 그랜빌 아일랜드를 둘러싸고 있는 리아시스 해안선이 선명하게 드러났다. 멀어질수록 전체 윤곽을 선연히 알게 되는 역설. 군락을 이루어 사는 사람들의 모습이 애잔하다. 사람은 결코 혼자 살지 못한다.

배들이 스쳐지나가면서 일으키는 파도가 거세다. 시간이 지날수록 더욱 넓어지는 파장을 멍하게 바라본다. 그 일렁임이 흔적 없이 사라지기까지 꽤 긴 시간이 걸린다는 것을 새삼 깨닫는다.

온몸이 욱신거린다. 지금까지 나를 스쳐간 인연들이 내 삶에 이렇듯 선명하게 새겨져 있겠구나. 잊은 줄 알았는데,

잊었다 싶었는데, 여전히 삶의 구석구석에 남아 있었구나. 그래서 때때로 왈칵 목이 메는 거로구나. 그리움이란 어느 누군가를 만나지 못해서 생기는 결핍된 감정이 아니라 삶 속에서 자연스럽게 배태되는 속성이라고, 나 자신을 지금껏 속여 왔는데. 이제 부정하지 말자. 그리우면 그리워하자.

큰 배가 가까운 거리에서 빠른 속도로 지나간다. 배의 크기와 간격을 가늠하여 달리던 속도를 조절한다. 내가 진행해야 할 방향을 결정하고 거세게 밀려오는 파도에 대비한다. 파도가 이는 방향과 결을 따라가며 힘을 빼고 밀리듯 살짝 넘는다. 그래야 보트가 신속한 복원력을 얻어 뒤집히지 않는다. 오호, 이제야 알겠네. 힘을 빼고 유연하게 대처하지 못해서 그토록 많이 넘어졌구나. 코가 깨지고 등이 터졌구나. 곧이곧대로 살았으니, 내 할 일 한다 하며 살았으니, 얼마나 어리석은가. 지금껏 목숨을 부지하고 있으니 다행이다. 뭍에서 지낸 세월이 한바탕 꿈만 같다.

항구에서 멀어질수록 바닷물의 뒤챔이 커진다. 아련하게 보이는 해안이 아름답다. 멀어서만은 아닐 것이다. 보이는 것들에 혼을 빼앗겨 보이지 않는 곳에서 제 자리를 지키는 것들의 가치를 깨닫지 못한 것이리. 먼 거리와 분리된 공간이 아픔만은 아니다. 그리움의 진정한 의미와 간격의 소중한 가치를 깨달음으로 말미암아 타인과 자신의 삶을 풍요로운 시선으로 바라볼 수 있게 해준다.

바다 한가운데 떠있노라니 사방이 적막하다. 삶은 원래 이렇게 잠잠한 것이었으리. 수천수만 종류의 생명들이 바다 속에 살고 있을 텐데 이토록 고요하지 않은가. 어느 소리도 물 밖으로 새어나오지 않는다. 물 밖에 있는 삶이 너무 요란하다. 소리는 살아있는 것의 증표라고 여겼던 가벼운 생각이 부끄럽기만 하다.

검푸른 물속을 들여다본다. 넘실대는 이 바다 속에는 많은 생명들이 숨 쉬고 있을 테지. 100만 종 이상의 생물들이 바다에 살고 있고 75퍼센트는 아직 발견되지 않았다고 과학자들은 말한다. 끊임없이 뒤척이는 물결은 바다생물들의 호흡이 아닐까. 뱃전에 철썩이는 물에 손을 담그고 바다를 향해 귀를 활짝 연다. 생명이 존재하는 곳에는 대화와 교감이 있다는데, 언제쯤이나 이들의 언어를 이해하는 귀를 가질 수 있을까.

바다 한가운데 멈춰 서서 하늘을 바라본다. 하늘과 바다 사이에 내가 있다. 네가 있다. 세상 일, 좇아가지 않고, 다그치지 말고, 무심한 듯 내버려 둘 일. 배가 지나가고 나면 잠시 잠깐 나뉘었던 물이 다시 합쳐진다. 흔적조차 찾을 수 없다. 망쳐버렸다고 아쉬워했던 세상일도, 깨어진 인간관계도, 제 자리를 찾으며 '안녕', 하고 인사할 날이 다시 오리니. 조용히 기다릴 일.

바다여, 바다여, 나는 너의 일부, 너는 나의 일부. 너의 푸른 생명의 기운으로 내 영혼과 내 몸을 가득 채워주렴. 하늘빛으로 덮어주고 바다빛으로 물들여주렴.

# 옆줄

모래톱 위에 모로 누워있는 백동을 만났다.

샌드 크랩을 뒤쫓다가 길을 잃었구나. 해안으로 너무 가까이 왔다는 위험 신호를 놓쳤구나. 등을 따라 곧고 길게 펼쳐진 지느러미가 강인하고 활기 찬 삶을 대변하고 있다. 한때는 크고 넓적한 이 지느러미로 거친 파도를 빠르게 갈랐겠지. 일정한 간격으로 마디를 이룬 굵은 뼈가 지느러미를 받치고 있다. 가시 뼈를 등살 깊이 촘촘히 심어놓고 험한 세상 헤쳐 온 끈기를 읽는다. 생명이 촌각인데, 그 지느러미 접지 않는구나. 자존심 여전히 살아있구나.

너의 삶에 박수를 보낸다. 무리를 지어 사는 대부분의 물고기들과는 달리 넓은 바다 거센 파도 홀로 견뎌온 너. 그

힘이 지느러미에 있는 것은 아닐까? 만물의 영장이라는 사람도 끼리끼리 몰려다니고 온갖 헛된 이야기 지어내며 소중한 생명의 시간을 소모하는데. 고독한 환경을 스스로 선택하여 일관된 자세로 살아온 너. 자유롭고 독립적인 너의 삶에 경의를 느낀다.

널브러진 몸을 촘촘히 덮은 비늘이 찬연하다. 소담한 아기 꽃잎 모양의 비늘 하나하나마다 빛내림 형상을 품고 있구나. 부챗살처럼 퍼지는 은혜를 은빛너울처럼 덮고 있구나. 경탄과 탄식이 절로 난다. 전 방위로 발산되고 있는 탄력과 생기. 차곡차곡 일정한 간격으로 질서 있게 배열해놓은 비늘 위에 정교하게 찍힌 갑골문자. 머리에서부터 꼬리까지 유선형 몸통을 구김 하나 없이 완벽하게 채운 예술 감각. 로마병정의 사슬 갑옷보다 섬세하고 찬란하다. 견고하게 연결된 비늘 가죽은 혹 날개의 전신이 아닐까?

옆줄이 눈길을 사로잡는다. 너의 유일한 감성 기관. 아가미 바로 옆에서부터 꼬리까지 한 줄로 길고 선명하게 찍혀 있는 측선. 채도 높은 은빛 비늘 위에 완강하게 새겨져 있는 진갈색 외줄. 많이 외로웠구나. 흰색 측선이 진갈색으로 변하면 '배우자 구함' 표지(標識)라지. 연인도 만나지 못했는데 너는 죽어가고 있구나. 성어(成魚)가 되기까지 꼬박 5년을 기다려온 너. 마침내 한 땀 한 땀 몸을 쪼아 문신으로 측선을 단장하고 연인을 찾아 나선 너. 슬프다, 동정(童貞)의 몸으로 죽어가는 너의 운명.

내게도 감성을 빛깔로 알리는 사인 판이 있으면 좋겠다. 연인을 구하는 너와 반대로 '접근 금지'를 요망하는 표. 홀로 있고 싶은 마음을 방해하지 말라는 신호. 사람들이 그 사인을 보고 배려해준다면 얼마나 좋을까. 나의 옆줄은 어디에 있을까?

네 호흡 끈질기다. 숨죽이고 너를 바라보는 순간이 영원 같다. 점점 느려지고 불규칙해지는 너의 호흡을 대책 없이 바라보노라니 내 숨이 턱턱 막힌다. 마침내 긴 몸부림을 뒤로 하고 잠잠해지는 생명. 여전히 눈을 뜨고 있구나. 미련과 그리움이 남았느냐. 기이하다. 한 점 원망의 빛도 실리지 않은 눈빛. 여전히 맑고 초롱한 눈동자. 내 죽음, 너의 죽음처럼 담담할 수 있다면. 온갖 미련과 아쉬움 털어내고 너의 해맑은 눈동자처럼 투명할 수 있다면. 그 순간이 예고 없이 온다한들 결코 두렵지 않으리라.

# 대동강이 그립다

강이 있다. 평화롭고 아름다운 강. 방향을 짐작할 수 없을 만큼 느리고 조용하게 흐르는 강. 새벽안개 속에 잠긴 건너편 도시를 이지적으로 투영시키는 강. 막 떠오르는 태양을 온전하게 껴안아 들이는 강. 강변을 거니는 연인들을 따뜻하게 안아주는 강.

평양과 대동강은 따로 떼어 생각할 수 없을 만큼 환상적인 커플이다. 강을 품고 다소곳하게 돌아앉은 도시의 모습이 단아하다. 강변을 따라 늘어선 능수버들의 연초록빛 이파리가 바람결에 아련하다. 겸손하고 현숙하고 예스러워라. 일주일 내내 아침저녁으로 강변을 산책하면서 강과 마음의 대화를 나누는 동안 정이 흠뻑 들었다.

초로의 여인 둘이서 강변에 앉아 서로의 어깨를 쓰다듬어 주고 있다. 남자들은 강물에 낚싯대를 드리우고 있다. 대학생인가, 한 청년이 강변을 오가며 책을 읽고 있다.

세느강변의 낭만보다 더 품격이 있고, 밀러의 색채보다 더 진중한 강. 역사의 아픔과 눈물을 아는 강. 강둑에 앉으면 숨마저 가만히 쉬게 하는 강.

오래도록 바라보노라면 강이 생각을 하는 것 같다. 더 오래 머무르면 말을 걸어올 것만 같다. 체제나 사상이 무슨 소용이 있을까, 이 사색적인 강 앞에서. 날마다 이렇게 속 깊은 강을 바라볼 수만 있다면 이대로 머물러도 좋겠다는 생각까지 들었다.

내가 만난 강들을 생각한다. 서울을 촉촉이 적시는 한강, 평양을 껴안은 대동강, 뉴욕을 품고 있는 허드슨 강, 파리의 센 강, 내가 몸담고 있는 사막 땅을 도도히 흐르는 콜로라도 강. 그리고 이제는 안다. 강은 어디에 있든 순전하고 한결같다는 것을. 하나의 강은 다른 모든 강이 되기도 한다는 것을.

대동 강변에 서보라. 연약한 사람을, 부끄러운 역사를, 이 세상의 모든 부조리를 용서할 수 있으리라.

여기에 대동강이 있다. 느리지만 쉬지 않고 흐르고 있다.

# 바다의 선물

앤 모로우 린드버그(Anne Morrow Lindbergh)를 만난 기쁨이라니. 삶의 멘토를 얻은 기분이었다. '나의 삶의 균형감각과 세상을 바라보는 안목은 바다를 닮았다'라고 당당히 선언하는 그녀. '내가 누리고 있는 자유, 당신들의 것과 다르다'고, '그 자유 더 넓고 깊다'고 단언하는 그녀.

『바다의 선물(Gift from the Sea)』, 1955년도에 출판된 이 책은 세상을 돌고 돌아 내 품에 안겼다. 내 나이보다 많은 세월을 살아낸 책에는 바다의 향수가 책갈피마다 고스란히 배어있다.

린드버그 여사. 한 남자의 아내, 다섯 아이의 엄마이자 섬세한 도시 감각을 지닌 문필가. 그녀가 2주간 바닷가에 머물면서 여성의 삶을 명상적으로 풀어낸 이 수상록에는 삶의 아포리즘과 격언이 고스란히 녹아있다.

두 눈을 감고 그녀가 조곤조곤 들려주는 음성에 귀를 기울인다. 음절 하나하나를 뼈와 살에 새긴다. 어찌하여 그녀는 내 마음을 이토록 명확히 표현해 주었을까?

“사람은 자신의 중심과 교류할 수 있을 때만 타인과의 교감도 가능하다.”

‘동감합니다. 동의합니다.’

“여성은 주는 일이 의미가 있을 때 주고 또 퍼주어도 내적 자원이 고갈되지 않는다. 베푼 만큼 채워가는 자연처럼.”

‘정말 그렇습니다. 맞습니다. 백번 옳은 말씀입니다.’

“얼마나 소유하느냐가 아니라 얼마나 적게 가지고도 살아갈 수 있는지 자신에게 물어야 한다.”

‘제발 그렇게 살고 싶어요. 가볍게 단순하게 간단하게 살고 싶어요. 꼭 필요한 것의 가짓수조차 줄여가면서.’

“원숙한 인간관계는 고독한 두 개인이 서로를 보살펴주고 어루만져 주며 서로를 존경하는 관계이다.”

‘마음은 원이로되 언제쯤이나 그런 경지에 이를 수 있을까요?’

그녀가 만났던 치유의 바다를 상상한다. 바다를 오래 벗하면 그녀처럼 인내와 신뢰를 배울 수 있을까. 어느 상황에 처하든 흔들리지 않는 시각을 소유할 수 있을까. 그녀가 해변에서 주운 조개껍질을 통하여 발견한 지혜와 혜안을 나도 얻을 수 있을까. 바다의 눈으로 세상을 바라보며 삶의 통증을 잠재우는 '바다의 선물', 받을 수 있을까.

그녀가 지켜보았던 썰물이 빠져나간 뒤의 숨죽인 고요, 여백의 충만을 언제나 맛볼 수 있을까. 사랑하는 사람과의 사이에 놓인 무한한 거리, 얼마만큼이나 견딜 수 있을까. 그녀가 알게 된 고독의 진수와 덧없는 생명들이 지닌 영원한 긍정을 과연 어느 만큼 깊이 느낄 수 있을까.

바다 저편으로 잠기는 저녁 해를 배웅하며 앤 모로우 린드버그를 생각한다. 보랏빛으로 변해가는 수평선을 바라보며 '바다의 선물'을 찾는다. 어둠이 짙어질수록 검푸르게 빛나는 파도 속에 그녀의 음성이 들린다.

"우선 너의 내면을 바라보아라. 너의 중심을 찾아라."

# 테코파 심층수(深層水)

데스밸리 사막 입구, 테코파에 일정한 속도와 일정한 온도로 솟아오르는 온천수가 있는데요. 물속에 오래오래 몸을 담그고 있어도 숨이 차지 않아요. 세포 깊이 엉겨붙어있는 독을 청소해주고 막힌 혈로를 시원하게 뚫어주지요. 면역성을 강하게 해주는 미네랄이 풍부해서 피부병, 관절염, 각종 통증과 암에 효능이 탁월하다고 정평이 나있어요. 모하비 사막, 건조하고 광활한 모래를 뚫고 올라오는 동안 정수가 되어서일까요. 냄새도 빛깔도 없어요. 태곳적 물 같아요.

이 온천수는 원래 네바다 주 고산지대에서 시작된 심층수인데요. 테코파 땅속, 화씨 500도로 절절 끓는 암반 위를 지나다가 압력을 견디지 못하고 지표면을 뚫고 올라와요.

185마일의 이 강은 테코파까지 당도하는데 45년이라는 세월이 걸린다고 해요. 심층수가 얼마나 천천히 흐르는지 상상이 쉽지 않아요.

오랜 옛날 이 지역에 거주했던 쇼소니 인디언들은 이곳을 치유의 성지라고 불렀지요. 세계 제2위로 수질이 좋다는 것을 그들이 알았을까요. 하기야 그런 통계가 그들에게 무슨 의미가 있었겠는지요. 지금도 이곳에서 2시간 떨어진 라스베이거스에서 활동하는 의사들은 환자들에게 테코파 온천에 가라는 처방을 내리곤 해요.

그래요, 사막에도 물이 있어요. 온천수도 있고 강도 있어요. 데스밸리 한편에 숨겨진 장소 같은 차이나 랜치(China Ranch)에 가보셨나요. 자연보호구역인데요. 달이나 화성의 어느 한 부분이 이럴 거라고 믿을 만큼 입구로 들어가는 풍경이 신비해요. 공상과학영화 '스타워즈'를 찍었을 만큼 멋진 장소이니 이의를 달지 못합니다.

그곳에 아마르고사 강(Amargosa River)이 가로질러 흘러요. 라플린의 데이비드 댐에서 볼 수 있는 콜로라도 강물빛은 아니예요. 석회진흙 위로 흘러서 흐려 보이지만 맑아요. 이 강은요, 남부 네바다와 캘리포니아 동쪽에 걸쳐 흐르는 심층수가 잠깐 지표면으로 올라온 물인데요, 이곳에서

만 잠깐 얼굴을 내밀었다가 어느 순간 다시 땅속으로 사라져버려요. 신기하지요? 땅속을 흐르다가 잠깐 지표면으로 올라와서 흐르고는 어느 순간 다시 심층으로 되돌아가는 물. 과학자들은 아직 그 이유를 모른다고 해요.

수면 위에 손바닥을 올려놓으니 지각의 울림이 손끝을 통해 전해오는 것만 같아요. 깊은 땅속 어디에선가 구불구불 흐르는 시꺼먼 물이 생각나는데요. 침묵의 강이라고 여겨져요. 휘도는 바람도 없고, 물에 비추일 하늘도 없고, 빛도 필요치 않는 강. 산소가 없으니 물가에는 꽃도 나무도 없겠지요. 비도 눈도 바람도 없으니, 마음을 빼앗거나 흔드는 사물이 주변에 없으니, 그지없이 평온하겠지요. 일정한 속도로 느릿느릿 소리 없이 흐르는 강물을 그려봅니다.

불붙는 심층수가 있다는 전설을 들었어요. 온몸이 경외감으로 긴장이 되었어요. 전설만은 아니라고 생각해요. 전설은 그 토대가 '근거 있음'에서 비롯되니까요. 이 세상 어딘가에 이런 물이 있다는 기대만으로도 삶의 신비감을 충족시켜 줍니다. 심층수가 흐르는 강에도 소(沼)와 월풀이 있을까요? 내가 만지고 있는 물이 수년 동안 휘돌다가 마침내 올라온 물인지 어찌 아나요.

이 강물이 차이나 랜치의 나무들과 동물들을 키우는데요.

키 큰 갈대숲에 들어서면 물 냄새가 나요. 골짜기마다 대추야자나무들이 아름드리 자라고 있는데요, 사막의 햇빛에 자연 건조시켜서일까요? 대추의 단맛이 농축된 설탕보다 더 진해요. 대추를 입안에 넣고 향을 음미하노라니 장석주 시인의 시구가 생각났어요. 정말이지, 태풍이랑 천둥이랑 벼락이랑 땡볕이랑 초승달의 서기를 먹는 거잖아요. 어디 대추뿐일까요. 우리 사람은 자연에 의지할 수밖에 없는 허약한 존재이지요. 서로 돕고 함께 어울려 살아야 하는 명백한 이유가 아닐는지요.

데스밸리에 당도해서 해수면보다 86미터나 낮은 땅바닥 위를 걸었어요. 한때 깊은 바다였다가 지각변동에 의해 융기되고 갇힌 물이 증발한 곳. 눈가루 같은 고운 소금이 수백 평방미터로 펼쳐진 해저(海底). 광활한 소금밭을 걷는 동안, 제가 서있는 깊은 바다 속을 오갔을 바다 생물들을 그려보았어요. 온갖 빛깔의 산호와 말미잘, 그 사이를 명도와 채도가 높은 줄무늬 옷을 입고 자유롭게 헤엄치는 물고기들.

직경 반마일, 깊이 150 미터로 푹 패어있는 우베히베 분화구에 왔네요. 바닥과 벽에 생생하게 남아있는 용암의 흔적을 보았어요. 용암도 물이잖아요. 불물. 불의 눈물. 눈물에도 빛깔이 있네요. 빨강 노랑 오렌지 빛으로 굳어버린 눈물. 여전히 유채색으로 남아 있는 7천 년 전 눈물. 사람이 어떤 심정일 때 이런 눈물을 흘릴 수 있을까요? 눈물의 농도와 종류를 알아갈수록 삶은 깊어지고 넓어지지 않을까, 문득 생각했어요.

데스밸리는 골짜기마다 수많은 캐년을 품고 있어요. 양벽과 바닥에 언어로 형용할 수 없는 멋진 그림이 펼쳐져 있어요. 수십 미터로 늘어진 절벽 화폭에, 아니 천장과 바닥까지 합쳐서 3면의 화폭에 그려놓은 자연 추상화들. 물의 붓이 지나간 곳마다 섬세한 문자와 그림이 새겨져 있네요. 세찬 물줄기가 산의 가슴 한복판을 헤집고 들어와 흐르면서 남긴 흔적들. 물의 예술가적 재능을 확인하고 싶다면, 데스밸리 캐년을 걸어보아야 해요. 산의 속살, 그 빛깔이 얼마나 현란한지 말을 잃어요.

사막을 벗어났다는 표적을 아시나요. 크고 작은 나무들이 옹기종기 풍성하게 모여 있는 곳이 보이기 시작하면 확실한 증거이지요. 황막하게 펼쳐진 누런 땅덩어리 어느 한쪽에 녹색 물결이 물결치고 있다면 사람 사는 동네가 틀림없어요. 물이 있다는 증거이니까요. 물이 있는 곳에는 반드시 사람이 살아요. 사람이 사는 곳에는 분명히 물이 있어요.

저어기 저곳이 보이나요. 길쭉길쭉 시원하게 갈라진 이파리 가닥마다 석양빛을 반사하며 불타는 듯 반짝이는 팜트리가 줄지어 서 있는 풍경. 바람에 살랑살랑 흔드는 모습을 바라보노라면 사람냄새가 나는데요. 그리움으로 눈시울이 뜨거워요. 사람은 사람들 속에서 살아야 해요. 사람에 지친 사람이 있다면 하룻길 걸리는 사막에 다녀오세요. 금세 사람이 그리워져요. 다시 사람을 사랑하게 돼요.

# 4.

# 바다사자처럼 눕고 싶다

### 워터 히아신스

광막한 물 위에 점점이 떠있는 식물이 있다. 워터 히아신스. 속이 텅 빈 꽃대 속에는 바람이 가득하다. 하트 모양의 풍성한 잎들은 아래 부분에 작고 동그란 공을 하나씩 매달고 있다. 이곳에도 바람을 잔뜩 들여놓았다. 바람을 끌어안기 위한 몸부림이 전신에 기호로 새겨져 있다. 비우고 비운 갈망, 내려놓고 내려놓은 애증. 물비늘에도 그을리지 않는 자태가 경이롭다. 제 고운 줄도 모르고 실루엣처럼 잠잠한 존재가 애달프다.

# 풍란 섬

흑산도. 하늘이 바다색보다 더 푸르고 물은 하늘빛보다 더 깊은 곳. 풍란향이 곳곳에 무더기로 배어있는 곳. 해변의 흰 모래 알갱이가 유리처럼 투명한 곳. 민물과 바닷물의 조우가 유난히 많이 일어나는 곳. 갯바람이 끊임없이 휘도는 곳.

그 여자는 흑산도 가시내로 삼년을 살았다. 난생처음 바다를 만나 바다를 알고 바다에 길들여졌다. 바람은 뭍에서 건너온 가시내의 메마른 내면에 들어와 아예 둥지를 틀었다. 바닷바람은 그 여자의 속성의 일부가 되었다. 바람을 닮은 가시내는 아무 때나 휘돌고 아무데서나 흔들렸다.

열세 살. 이성에 눈을 뜨면서 눈빛이 주는 무언의 메시지를 알게 되었다. 제2의 성징이 외로움이라는 동반자를 앞세우고 찾아왔다. 섬에서 태어나 섬에서 자라고 뭍에서 살았던 시간이라고는 고등학교와 대학에서 공부했던 기간이 전부였던 학교 선생님을 사랑했다. 마음이 먹먹할 때마다 바다를 만나러 나갔다. 그 가시내는 마침내 바다를 사랑하는 여자가 되었다.

그랬다. 바다는 그 여자에게 신비한 존재였다. 냇물, 호수, 강이 물의 전부라 생각했던 그 여자에게 바다는 두렵고 벅차고 비현실적인 그 무엇이었다. 바다 가까이에 존재하는 것들은 뭐든지 특별했다.

그리고 알게 되었다. 해당화는 바다의 눈물을 먹고 자라 그토록 선명한 빨간빛이 된다는 것을. 해송은 바닷바람을 맞이할 때마다 자신도 알지 못하는 애잔한 소리를 낸다는 것을. 풍란이 그토록 깊고 은은한 향기를 내는 이유는 바다를 사모하기 때문이라는 것을. 자신도 언젠가 바다의 깊은 마음을 알게 되면, 바다 같은 사람을 만나고, 마침내 풍란 향을 낼 수 있으리라는 것을.

아버지는 흑산도 풍란이 유명한 이유를 얘기해 주셨다. 풍란은 바위에 뿌리를 내리지만 바다 바람만 먹으면 공중에 떠서도 살 수 있다고. 그토록 절실한 삶이기에 향이 짙다고. 그래서 섬 전체가 풍란 향으로 가득 차는 거라고. 아무리 풍란향이 대단하다 해도 화향천리(花香千里) 인향만리(人香萬里)이니 부단히 인격을 갈고 닦아야 한다고.

그 뒤 물 가까이에서 살 기회가 없었다. 늘 인랜드에서 살았다. 그동안 그 여자의 내면이 마르지 않도록 지켜준 것은 흑산도, 풍란 섬이 3년 동안 그녀에게 베풀어준 물기였다. 그 여자는 그 물기를 아끼고 아껴서 삶의 갈증을 더 이상 감당할 수 없을 때 조금씩 꺼내어 마음의 목을 축이며 살았다.

급기야는 사막 땅으로 옮겨졌다. 사막에도 깊은 계곡과 호수와 강이 있다는 것을 알기 전까지 그 여자는 방황했고 불행했다. 바다를 너무나 사랑한 죄에 대한 벌을 받는다고 생각했다. 지난 30여 년, 사막에서 생존하는 지혜를 쌓아가는 동안 그 여자는 점차 밝아지고 행복해졌다.

어느 해이던가. 라스베가스 인근 사막에서 메스키트 나무를 만났다. '하늘의 만나'라는 애칭이 있을 만큼 사막에서 사는 생명체들에게 은혜로운 나무. 미국의 인디언 원주민들은 오랜 세월 동안 메스키트 꽃에서 얻은 꿀과 잎과 가지와 열매로 식량을 삼았다. 이 나무의 씨앗은 땅에 떨어지면 바로 발아하지 않고 물 냄새를 따라 10미터가 넘게 유랑한다.

마침내 물 냄새를 맡으면 그곳에 뿌리를 내리는데 지표면에서 땅속 55미터까지 내려가 지하수면에 닿는다. 그 물에서 끌어올린 물로 가지를 키우고 꽃을 피운다.

사와로 선인장은 키가 10미터 이상으로 자란다. 가지 하나를 키우는데 80년 이상이 걸린다고 한다. 사와로는 땅속 10미터까지 뿌리를 내려 물을 흡수한다. 7월부터 9월까지 잠깐 내리는 비를 몸통에 1톤 가까이 저장했다가 일 년 내내 조금씩 꺼내 쓴다. 비가 내리지 않는 건기(乾期)에 사막에서 사는 짐승들에게 물의 공급원이 되어주는 고마운 존재이다. 어느 해, 우기가 지난 직후, 애리조나 주 투손 지역을 여행하다가 가지마다 광대 허리처럼 몸을 불린 사와로 선인장 군락을 보았다.

그 여자는 메스키트 나무처럼, 사와로 선인장처럼, 사막에서 사는 법을 알게 되었다. 문학을 만난 것이다. 그녀를 살게 한 것은 문학이 지닌 물기였다. 수필을 통하여 물을 만나고 치유를 받았다. 강과 호수와 바다와 이야기하고 물에 대해 글을 쓰면서 조금씩 소생했다.

물에서 멀리 떨어진 땅, 내륙 깊은 곳에 살아야 하는 근본적인 이유도 알게 되었다. 마른 곳에서도 그 여자의 영혼을 만족케 하며 뼈를 견고케 하시는 분, 그 여자를 물 댄

동산 같고 물이 끊어지지 않게 하는 샘 같은 존재로 만들어 주는 분, 아니 영원히 마르지 않는 샘이신 그 분을 만나야 했던 것이다. 갈급함과 절실함이 필수조건이었고 사막은 이를 위한 최상의 장소였다.

마침내 사막의 한복판에서 그 여자는 해인(海人)으로 사는 비결을 알게 되었다.

# 출렁이는 캔버스

실비치(Seal Beach) 부두에 선다. 언제나 바람이 있는 곳. 지상에서 크게 곡선을 그리던 바람이 해수면에 이르면 초현실 추상화를 그리는 화가가 된다. 흔들리는 캔버스 위에 형체 모를 붓을 휘두른다. 작은 아기 새의 보폭으로 빗살무늬를 새기며 종횡무진 거대한 화폭을 누빈다. 쉼 없이 움직이는 수면 위에, 번뜩이는 물비늘 위에, 물감을 흩뿌리듯 일시에 수천의 다양한 무늬를 그리는 신비한 붓이여. 한 치의 흐트러짐 없이 세미한 간격으로 동시다발적으로 문양을 만들어내는 위대한 장인이여. 현란한 춤이여. 화려한 생명의 세레나데여.

수면 위에 그려놓은 기하학 무늬가 정교하다. 그 섬세한 선들이 일순간에 흩어지고 사라진다. 화가는 무연하다. 처음부터 알고 있었다는 듯이. 사라져버린 작품에 대한 미련도 없이 또 다른 그림을 그리기 시작한다. 이 세상에서는 찾을 수 없는 캔버스를 맨 처음 발견한 경이와 열정으로.

파도 포말 위까지 그려놓은 그림에서 붓을 떼자마자 또 다른 붓으로 그 그림을 지워버린다. 그 의미, 관람객이 미처 깨닫지도 못했는데 흔적조차 없다. 그래도 태연하다. 더 나은 캔버스, 다시없는 영감이 찾아왔으니 아쉬울 게 없다는 표정이다.

화가는 알고 있다. 모든 것이 허망하게 사라져버릴 한낱 꿈이라 해도 매순간 진실한 삶을 살면서 생명의 노래를 불러야 한다는 것을. 더 넓은 세상을 꿈꾸어야 한다는 것을. 두 눈에 보이는 것, 두 귀에 들리는 이야기보다 더 시각적이고 청각적이고 감각적인 세계가 있다는 것을.

한순간의 진실이 어찌 거짓일까. 내가 너를 잠깐 내 마음속에 품는 일. 바다 잔물결 위에 바람이 새긴 무늬처럼 형체도 없이 이내 스러질 허무라고, 부질없는 환상이라고 어찌 단언할 수 있을까. 같은 주파수로 나눈 교감과 영감, 아직도 여전히 따뜻한 기억으로 남아있다면. 그 존재, 더 이상 눈앞에 보이지 않아도 눈만 감으면 가슴 출렁이는 현실로 떠오른다면. 지울 수 없는 인장(印章)이 된다면.

# 모래 무덤

태평양을 끼고 길게 누운 퍼시픽 코스트 하이웨이 1번 도로를 타고 북쪽으로 달리노라면 산타모니카 비치와 말리부 비치를 지나 주마 비치에 닿는다.

밀물이 물러가고 썰물이 시작될 때, 촉촉이 젖은 모래 위에 관 모양의 구덩이를 파고 누워보라. 얼굴만 모래 위에 얹고 목 아래 온몸을 모래 속에 파묻어보라. 자연과 가장 가깝게 밀착됨으로써 얻어지는 평안이 진정 어떠한 것인지 알 수 있으리라. 새로운 에너지와 생체리듬을 얻으리라. 파도가 실어와 모래톱에 감추어 둔 달나라의 신비한 기운을 느낄 수도 있을 것이다.

바닷물이 수시로 드나드는 곳에는 미네랄과 생명체가 풍

부하다. 생명체와 생명체가 접촉하면 기의 교환이 일어난다. 인간은 고등 생물이지만 기의 교환은 단세포생물과 다를 바가 없다. 세포와 세포 차원에서 미세하게 일어나기 때문이다. 음양의 심오한 이치와 작용을 이론화시킨 동양철학이 태평양 비치의 모래 무덤 속에서 연출된다.

뼛속 깊이 파고드는 모래의 차가운 감촉이 상쾌하다. 끊임없이 들려오는 파도소리가 아득하다. 원시시대 아나사지 인디언들이 부르던 전통선율처럼 편안하다. 신체의 리듬이 자연의 리듬에 맞추는가, 심장박동이 느려진다. 대상의 파동과 그 주파수를 알면 사는 일이 단순해지지 않을까. 마음을 비우니 바다의 음성이 들린다. 파도에 실어 보내는 바다의 전언(傳言)을 가슴에 고이 담는다.

태양이 중천에 닿자 모래가 따뜻해진다. 태양의 온기가 그대로 몸 안으로 스며든다. 시간이 흐를수록 마음이 담담해진다. 잠시나마 세상의 생각을 내려놓는 시간. 지난 세월과 앞으로 다가올 생을 관조하는 시간. 죽음 같은 여유를 누리는 시간.

땅 속 무덤을 생각한다. 의식 없이 호흡 없이 완전히 묻히는 장사(葬事). 생명이 끊어지면 흙속에 묻힌다. 흙무덤 속에 묻히는 것이 죽음이다. 다시 일어날 수도, 다른 이들이 일으켜 줄 수도 없다.

모래 무덤에서 일어난다. 죽은 듯이 스스로 묻히고, 살아서 스스로 깨어난다. 반죽음을 경험하고 부활한다. 치유 받은 몸으로 일어난다. 온몸에 스치는 미풍이 새롭다. 파도소리가 선명하다. 온 감각이 살아있다. 의식이 명료하다. 만물의 생동력을 예민하게 감지한다. 삶을 껴안을 준비가 되었다.

서쪽 하늘이 환하다. 바닷물에 가깝게 내려앉은 햇빛이 수면을 물들인다. 곧 일몰이 시작될 것이다. 일몰은 또 하나의 일출. 내가 바라보는 바다 속으로 사라진 태양은 지구의 어느 곳에선가 일출로 떠오를 것이다. 태양도 매일 죽음과 부활을 체험한다.

모래 무덤에 자주 묻혀 죽음과 부활을 예습해보라.

# 고래를 기다리며

뉴포트 비치 발보아 섬에 도착했다. 청고래(Blue Whale)를 만날 참이다. 고래관광 페리에 올라 이층 난간을 붙잡고 서는 순간, 마음이 그지없이 담담해진다. 신비하고 전설적인 생물에 대한 호기심을 다스리기 위한 반작용인가. 나는 오늘 과연 고래를 볼 수 있을까.

먼 바다 한가운데로 거침없이 달려가던 배가 어느 지점에서 멈추더니 엔진마저 꺼버린다. 고래가 지나는 골목이란다. 이곳에서 행운을 기다리자고 한다. 77톤의 배가 물결에 이리저리 요동친다. 내 마음도 좌우로 흔들린다. 바다는 이렇게 움직이는구나. 기다림이란 이런 것이로구나. 흔들리는 것. 대책 없는 것.

사방을 둘러보아도 고래가 나타날 징후는 없다. 멀리 보이는 해수면은 잔잔하기만 하다. 시력은 지친 지 이미 오래 전이다. 불안감이 고조되면서 기대감이 흔들린다. 차라리 눈 감고 상상이나 해야지. 이렇게 많은 사람들이 있지 않은가. 고래가 나타나면 그의 출현을 알려줄 것이다. 그때 먼 발치로 내 몫의 고래를 보면 그만이다.

사람들의 발길이 뜸한 선미 구석에 등을 대고 앉는다. 숨을 가라앉히니 세상이 고요해진다. 눈을 드니 앞뒤 좌우로 서성이는 사람들이 보인다. 선미든 후미든 고래를 볼 수 있는 기회는 균등하다. 언제 어디서 나타날지 모르기 때문이다. 연극 '고도를 기다리는 사람들'이 생각난다. 고도가 아니라 기다림을 기다리는 사람들. 이들의 모습 이대로 무대 위에 옮겨놓으면 더욱 실감나는 극이 되지 않을까.

고래와 기싸움을 하는 것 같다. 긴장은 스트레스이기도 하지만 삶을 추진케 하는 원동력이기도 하다. 빠른 속도로 움직이는 롤러코스터나 스페이스쉽 놀이기구에 자신을 내맡기고 공포와 긴장을 경험하는 이유다. 즐거움을 느끼는 감각은 통증을 인지하는 신경을 통해서 일어난다고 생리학자들은 말한다. 고래 관광의 묘미는 기다림이 주는 긴장과 초조, 만남의 순간에 느끼는 스릴이리라.

고래와의 조우는 노력해서 되는 일이 아니다. 인생도 그렇다. 언제 어디서 무슨 일이 돌발할지 모르는 예측불허의 나날이다. 고래를 기다리는 마음으로 살면 조금쯤 넉넉해질까. 오랫동안 나타나지 않는 고래를 원망하지 않듯이 쉽게 오지 않는 행운을 탓하지 않는 것이다. 그러다 고래가 나타나면 오래 기다렸던 수고가 봄 눈 녹듯 사라지고 고맙고 반가운 마음으로 가득 차듯이 다가온 행운도 그렇게 맞아들이는 것이다.

고래는 언젠가 정체를 드러낸다. 숨을 쉬기 위해 수면 위로 올라올 것이 확실하므로. 한번 나타난 곳에 고래가 다시 나타날 가능성은 전혀 없다. 아니 한번 본 고래는 다시 볼 수 없다고 단정 짓는 것이 현명하다. 한두 시간에 겨우 한 번 숨을 쉬는 생물. 3천 미터까지 잠수하고 한 시간에 20마일을 헤엄치는 동물. 이 넓은 바다를 집 마당처럼 휘젓고 다니는 길이 30미터, 무게 100톤이 넘는 생명체에게 무슨 예측을 할 수 있겠는가.

고래를 기다리는 사람들. 이제까지 살면서 단 한 번도 만나지 않았던 사람들인데 형제자매 같다. 우리는 어디서 무엇을 하며 살다가 지금 여기 이렇게 한 공간에 함께 있는 것인가. "고래다!" 맨 처음 고래를 발견한 사람은 자신도 모르게 외쳐서 다른 사람도 알게 할 것이다. 같이 보아야 재미있으니까. 함께 살아야 살맛이 나니까.

# 금문교

금문교 위에 부는 바람은 언제나 차다. 살 속 깊이 파고 들어 뼛속까지 시리다. 자살자가 많은 다리. 금문교의 아름다움에 취한 사람들이 끓는 감성을 다스리지 못하고 충동적으로 뛰어내린단다. 금문교 아래로 바다를 내려다보면 새처럼 날고 싶어진단다.

다리 곳곳에는 '날지 마세요'라는 자살방지 광고판이 붙어 있다. '날아보세요'라는 권유로 느낄 때가 있다. '확실히 죽기를 원하는 사람은 금문교에서 뛰어내리세요. 이곳에서는 단 1퍼센트도 실패하지 않아요. 너무 높아서 물에 닿기도 전에 심장이 마비되고 설령 물 위에 안착했다 해도 물 온도가 너무 차답니다. 그래도 날고 싶으면 용기를 내어 날아보세요.' 아니다. 정신을 차리고 다시 읽으면 날지 않기를, 뛰어내리지 않기를 바라는 기원이다. '제발 다시 한 번 당신 자신에게 삶의 기회를 주세요.'

'빠삐용' 영화 촬영지, 알카트라즈 섬이 보인다. 이 섬에 있는 감옥은 오래전에 폐쇄가 되었다. 인권 단체에서 강력히 항의를 했단다. 죄수들에게 가장 큰 고문은 바다 건너 샌프란시스코 시가지 불빛이 주는 자유에로의 유혹이라고. 바로 눈앞에 보이는 아름다운 항구로 건널 수 없다는 좌절이 죽음을 부르는 탈출을 끊임없이 꿈꾸게 한다고. 수많은 죄수들이 바다에 뛰어들었지만 기록에 남은 생존자는 단 2명뿐이다. 상어 떼도 많지만 바닷물의 온도가 너무 낮아서 도무지 헤엄쳐 건널 수 없다 한다. 목가적인 건물을 바라보며 이 섬에서 생을 마감한 영혼들을 묵념한다.

안개 속에 모습을 감추고 명상에 빠지는 다리. 햇볕 쨍쨍한 날에도 소금 머금은 바람과 습기 속에 애수어린 모습으로 서있는 다리. 부식 속도가 빨라서 일 년 내내 공중에 매달려 페인트를 칠하는 사람들에게 미안한 기색도 없이 태연하고 도도한 다리. 페인트를 마치고 나면 다른 한쪽에서 다시 보수 작업을 시작함으로써 365일 고되게 일하는 사람들에게 냉정하고 무심한 다리. 오히려 그들의 사랑을 받는 다리. 다리 난간 위로 넘어가 바닷물로 떨어지는 사람들에게 이렇다 저렇다 말이 없고 무감한 다리. 무연하고 의연하게 바다를 내려다보며 사색에 잠기는 다리.

금문교를 만든 사람들은 대부분 중국인 노동자들이다. 이 다리를 건축하는 동안 수많은 사람들이 죽었다. 그들은 자유를 얻기 위해 날다가 죽은 것이 아니라 살기 위해 일하다가 떨어져 죽었다. 그들의 원혼을 달래주기 위해 금문교의 빛깔을 중국인이 좋아하는 빨강으로 칠했다던가. 안개 속에 자주 숨는 다리여서 눈에 잘 띄게 하기 위한 것이라는 표현보다 훨씬 서정적이다.

다리 반대편에서부터 안개가 몰려온다. 짙은 안개의 장막에 반쯤 몸을 숨긴 다리가 우수에 차 있다.

# 바다사자처럼 늙고 싶다

아나카파 아일랜드(Anacapa Island)에 이른 오후의 태양이 높이 떠올랐다. 바닷빛이 진남빛으로 바뀌자 바다사자들이 바위 위로 무리지어 올라왔다. 오랜만에 만난 친구들인가, 주고받는 수인사가 밝고 경쾌하다. 대화를 엿듣듯 그들의 포효에 귀를 기울인다. 짧고 깊은 소리가 해수면 위로 멀리 퍼져나간다.

넉넉한 바다에서 살아서일 것이다. 여음에 담긴 내공이 예사롭지 않다. 결코 작다고 말할 수 없는 소리인데 시끄럽다는 느낌이 들지 않는다. 하늘 궁창까지 미치고 심해 바닥까지 닿는 것은 아닐까. 우주의 법칙에 공명하는 음이 아닐까.

바위의 굴곡에 따라 길죽길죽 혹은 크고 작게 구부린 몸들이 그지없이 유연하다. 매끄러운 몸짓이 자유의 실체를 대변하는 것 같다. 둥글둥글 뒤척뒤척 움직이는 모습이라니. 철퍼덕 드러눕는 모습이라니. 바위섬이 움직이는 생명체로 삽시간에 가득 찬다. 마치 바위가 살아서 꿈틀거리는 것 같다.

막 물에서 벗어나 번들번들 젖은 몸이 태양빛 아래 눈부시다. 머리털을 가지런히 정돈하고 나선 멋쟁이 신사 같다. 작고 날렵한 머리는 길고 부드러운 수염으로 위엄이 넘친다. 바다사자. 바다에 사는 사자. 바다사자라는 영예로운 이름은 바로 저 수염 때문에 얻은 것은 아닐까.

태평하고 또 태평하다. 너럭바위 위에 이리저리 울퉁불퉁 널브러뜨린 몸뚱이 몸뚱이들. 살과 살을 바싹 맞대고도 불편해 하지 않는 천연덕스러움이라니. 첩첩이 포개 누워서도 느긋한 태도라니. 이 세상에서 가장 편한 자세를 바라보노라니 만사가 둥글어 보인다.

신기하다. 저들 중 누군가는 맛있는 먹이를 두고 머리 터지게 싸운 적이 있는 앙숙일 텐데. 연인을 지키고자 결사적으로 덤볐던 경쟁자일 텐데. 이 세상에 오직 너 하나밖에 없다는 몸짓으로 그렇게 꼭 붙어있다. 대범한 용납과 관용과 신뢰가 없으면 저렇게 할 수 없을 것이다. 내어주고 받아주는 포용의 몸짓이 감동적이다.

두 개의 서로 다른 상처를 포개거나 맞닿게 하면 그 상처들의 모서리가 닳아서 마모된다. 바다사자들은 서로의 상처를 맞대어 피차가 치유를 받는 상생법을 알고 있음이 분명하다. 사람도 같은 상처를 가진 상대에게 동병상련을 느끼지 않는가.

나 잡아잡수, 하는 능청이 사랑스럽다. 길게 드러누운 여유가 당당하다. 조금 전, 물 위에 머리를 곧추 세워 내놓고 놀라운 속도로 물을 가르던 생물인가 의심스러울 만큼 유연하다. 게을러 보이기조차 하는 저 모습은 이 세상에서 가장 위엄 있고 자신만만한 태도가 아닌가. 삶에 여유가 없는 사람은, 긴장과 두려움에 사로잡힌 생명체는, 결코 저 같은 자세를 취할 수 없다. 한껏 풀어진 모습이지만 여전히 강한 힘이 느껴진다.

무리와 떨어져 있는 바다사자 한 마리를 보았다. 앞 지느러미 두 개를 다리삼아 상체를 똑바로 세우고 멀리 수평선을 바라보고 있다. 기를 모으는 요가의 자세다. 하늘과 상통하는 메시지를 발산하고 있는 것만 같다. 심호흡을 하며 삶을 관조하는 거장의 풍채를 닮았다. 역경으로 단련된 철학자를 보는 듯하다. 햇볕 쨍쨍한 대낮, 바다 한가운데에서 맛보는 침묵과 고요라니. 그의 자태에서 장자의 메시지를 듣는다.

"너를 드러내어 다치지 말고 마음을 부드럽게 하여 평안하게 살아라."

저들은 온전한 자유를 누리는 삶, 정리정돈 되고 걸러진 삶을 살 것 같다. 사람처럼 쓸데없는 일에 에너지를 소모하거나 시간을 낭비하지 않을 것 같다. 자신의 힘으로 바꿀 수 없는 환경을 어찌해보려고 괴로워하지 않을 것 같다. 한세상 가치 있게 사는 비결을 저들은 아는 것 같다.

돌아오는 뱃전에 기대어 저들을 바라본다. 내 마음은 어느새 너럭바위를 오르고 있다. 지친 몸과 마음을 철퍼덕 눕히고 있다. 따뜻한 태양 볕에 머리카락 끝부터 발가락 끝까지 드러내놓고 이리저리 뒤척인다. 한껏 늘어진 상태로 숨을 천천히 쉰다. 몸의 온도가 올라가면 다리 한쪽을 물속에 걸쳐 담그고 손장난을 치며 체온을 조절한다.

얼마나 좋을까. 저 바다사자들처럼 아무 두려움 없이 그에게 다가갈 수 있다면. 그도 내게 스스럼없이 다가온다면. 서로가 너그럽게 자신의 옆자리를 내어준다면. 내게 가까이 다가온 그가 나로 인해 아프지 않을 수 있다면. 내가 그에게 가까이 다가가도 아프지 않을 수 있다면.

바다사자처럼 눕고 싶다. 나는 마음을 누일 곳이 필요하다.

# 바람을 가두다

아프리카 케냐 서남쪽, 키수무 마을을 향해 달린다. 적도의 기(氣)를 끌어안고 있는 빅토리아 호수(Lake Vitoria)를 찾아가는 길. 아프리카에서 첫 번째, 세계에서 두 번째로 큰 담수호.

호수 입구에 키 큰 파피루스가 길 양편에 빽빽이 늘어서 있다. 길쭉한 진초록 줄기들이 시원하다. 꽃대 위에 앉아있는 불꽃 형상의 꽃들이 섬세하고 소담하다. 불면 날아갈듯 새의 깃털 같다. 도열해있는 파피루스 사이를 걷노라니 신화 속의 성 안으로 들어가는 느낌이다.

작고 낡은 나룻배에 몸을 실었다. 배는 호수 가장자리에 펼쳐져 있는 워터 히아신스 녹색 정원을 뚫고 얼음 위를 지치듯 미끄러져 나아간다. 파도의 높낮이가 커서 배의 난간이 수면까지 내려간다. 물이 깊다는 증거이리라. 최고 수심이 80미터가 넘는 호수. 이국 땅, 낯선 물 위에 떠서 흔들리노라니 사는 일이 정처 없다.

드넓은 호수가 180도로 펼쳐진 하늘과 맞닿아있다. 광활하여 바다 같다. 대한민국 국토와 맞먹는 면적을 가진 호수. 끝이 보이지 않고 멀리 둥그스름한 수평선이 선명하다. 왼쪽으로 끝까지 가면 탄자니아, 오른쪽으로 끝까지 가면 우간다를 만날 것이다. 호수가 세 나라를 하나로 이어준다.

광막한 물 위에 점점이 떠있는 식물이 있다. 워터 히아신스. 방향을 알 수 없는 소용돌이 바람에 이리저리 쏠리는 모습이 노스탤지어의 감성을 흔들어 깨운다. 물속에 처박힌 몸을 일으켜 세우는 의연(毅然). 바라보는 사람은 애처로운 마음으로 먹먹한데 워터 히아신스는 무심하고 태연하다. 높은 파도에도 유연하게 몸을 움직여 가볍게 응수하는 자세가 경이롭다. 흔들림에도 품격이 있구나.

흰색과 연보라가 절묘하게 어우러진 꽃송이 송이들. 호수의 정기를 머금어서인가. 꽃잎 끝에 서려있는 푸르스름한 빛이 시리도록 서늘하다. 넉넉한 크기의 꽃잎들은 가볍고 얇아서 투명하다. 대여섯 개의 꽃송이들을 매단 꽃대는 속이 비어있다. 바람이 가득하다. 하트 모양의 풍성한 잎들은 연결된 가지 부근에서 각각 작고 동그란 공을 하나씩 매달고 있다. 이곳에도 바람을 잔뜩 들여놓았다.

바람을 붙드는 식물도 있구나. 바람을 끌어안기 위한 몸부림이 전신에 기호로 새겨져 있다. 비우고 비운 갈망, 내려놓고 내려놓은 애증. 물비늘에도 그을리지 않는 자태가 안쓰럽다. 제 고운 줄도 모르고 실루엣처럼 잠잠한 존재가 애달프다.

너, 흔들리는 물속에 뿌리를 내리고 꽃대 세워 꽃송이 밀어올리는 진의가 무엇이냐. 바다처럼 넓고 깊은 이곳에 벌과 나비가 어찌 찾아오리라고 이토록 처연하게 꽃을 피운단 말이냐. 오호라, 내 심장 쿵쿵 두들기려고 너 진심전력으로 꽃송이 피워 올렸구나. 네가 준 화두, 품 안에 고이 안아들인다.

날씨가 돌변한다. 하늘은 순식간에 몰려온 흑회색 구름으로 가득 찬다. 천둥과 번개를 동반한 폭풍우가 호수의 평화와 고요를 깬다. 검정 물감을 풀어놓은 듯 물빛도 삽시간에 어두워진다. 후드득, 굵은 빗방울이 온몸을 일순간에 적신다. 자연의 일부가 되기 위해 치르는 침례의식이다. 거센 파도가 물보라를 일으키며 철썩인다. 크고 깊은 출렁임. 흔들림이 이리도 장중할 수 있구나.

세찬 바람이 수면 위를 쓸고 지나간다. 호수에 점점이 떠 있는 워터 히아신스가 호숫가로 밀려간다. 빠르게 이동하여 차곡차곡 빈 공간을 채우는 놀라운 생명력. 식물은 움직이지 않는다는 상식이 여전히 옳다면 이 워터 히아신스는 진화된 종(種)이다.

호수를 떠나오는 길. 비가 막무가내로 쏟아진다. 호수에 외롭게 떠있는 워터 히아신스를 남겨두고 돌아서는 마음이 비감하다.

한번 떠나면 다시 오기 어렵다. 한번 헤어지면 다시 만나기 힘들다. 무심히 보아야 한다. 스치듯 지나쳐야 한다. 마음이 붙잡히지 않으려면.

# 삶의 골목 17개

바닷길 17마일. 캘리포니아 해안선 절경의 진면목을 볼 수 있는 드라이브 코스. 삼면이 태평양으로 둘러싸인 몬터레이 반도의 명물 도로.

이곳에서만 느낄 수 있는 정취가 각별하다. 부드러운 파도소리가 고스란히 귀청에 내려앉고 향수를 불러일으키는 달콤한 해풍이 피부를 간질인다. 입자가 미세하고 결이 고운 흰 모래가 펼쳐진 해변을 산책하노라면, 까닭 모를 기쁨이 샘솟는다. 바다향이 폐부 가득 차오르면 이곳에 머물러 살고 싶다는 열망이 난데없이 간절해진다. 위시 리스트에 오랫동안 자리 잡고 있던 목록 몇 가지가 단번에 충족된다.

바다의 반대편 경관도 빼어나다. 건물이 이런 외관과 구조를 갖출 수도 있는 거로구나, 감탄하게 만드는 집들이 초원 위에 점점이 들어앉아 있다. 유명 배우들의 별장. 그 집에서 사는 사람들은 신선이라고 착각할 만큼 아름답다. 집마다 형태는 다르지만 커튼 없는 커다란 통유리창이 일제히 바다를 향하고 있다. 바다바라기를 하는 물새 둥지들 같다. 그 집들 사이로 여유롭게 거니는 사슴 가족들을 대하노라면 동화의 나라에 들어온 느낌이 든다. 영화 촬영지 선호대상 영 순위 동네라는 것을 단번에 인정하게 된다.

안개 때문인가. 미국 바닷가에서는 찾아보기 힘든 아기자기한 환경 때문인가. 이 안에서 서식하는 동물들과 식물들은 평범한 종류임에도 불구하고 독특한 매력을 뿜어낸다. 이곳은 비가 없단다. 난기류와 한기류가 만나 형성된 안개비가 무시로 내리는 곳. 투명한 안개 속을 거니노라면 노아의 홍수 이전의 기후를 유지하고 있다는 근거 없는 레전드를 믿고 싶어진다.

이 고장의 자존심이자 상징적인 아이콘, 론 싸이프러스(Lone Cypress) 나무를 알현한다. 250년 수령의 나무. 아무 일도 하지 않는 나무가 존재감 하나로 세상의 칭송어린 이목을 받는다. 바닷가 바위 절벽에 뿌리를 내리고 해석이 불가능한 삶을 영위하고 있는 이 나무 앞에 이르면 바람도 속도를 늦추지 않을까. 사람도 인류의 삶에 공헌한 인물들을 잘 대접해야 한다.

바다사자들이 들려주는 7부 합창이 끊이지 않고 각종 물새들이 날개를 쉬는 휴식처 버드 락(Bird Rock). 상반적인 삶의 형태를 지닌 생물들이 사이좋게 모여 해바라기를 하는 모습을 바라보며 휴식의 의미를 새롭게 되새긴다. 바위들이 많아서 몰려온 파도마다 매번 세차게 부서지는 광경을 연출하는 레스트리스 씨(Restless Sea) 해변. 수평선을 마주보고 부동자세로 서서 눈을 감고 귀를 열어 멈추지 않는 삶의 역동성을 음미한다.

17마일 드라이브 코스의 대미는 캐멀 비치이다. 1마일 길이로 뻗어있는 둥그런 백사장에 내려가 맞이하는 일몰이 주는 감동을 어찌 말로 다 표현할 수 있을까. 온화한 바람과 평화로운 분위기를 어찌 묘사할 수 있을까. 캐멀 비치를 걸어보라. 아무리 깊은 질곡에 빠져있더라도 세상은 진정으로 살아볼 만한 곳이라는 생각을 하게 된다.

캐멀 비치 주변에 있는 낮고 좁고 오래된 식당에 들어가면 건물만큼이나 오래된 집기들이 편안함을 준다. 찻주전자에서 내린 찻물은 캐멀 바다의 일급 정취를 우려낸 듯 입안에 감긴다. 17마일 드라이브 인근 살리나스에 있는 내셔널

스타인백 센터(National Steinbeck Center)에 들를 때마다 문학의 혼에 감전된다. "I nearly always write, as I nearly always breathe.(나는 호흡하듯이 글을 쓴다)" 잠시도 쉬고 않고, 생각으로든 물리적으로든 글을 쓴다는 뜻으로 읽는다. 삶 전부를 문학에 헌정한다는 선언으로 받아들인다. 문학을 하는 나는 이 구절을 대할 때마다 부러움과 미련과 아쉬움에 목울대가 잠긴다.

몬터레이 수족관을 비롯하여 매력적인 볼거리로 추천된 30여 군데를 돌아보자면 하루해가 모자란다. 17 마일 드라이브 코스는 그 자체만으로도 충분히 아름답지만, 이 자연과 잘 어울리도록 사람들이 사려 깊게 조성해놓은 주변의 명소들로 인하여 더욱 사랑을 받는 것은 아닐까, 생각한다.

17마일 드라이브 코스를 달리면서 내 삶의 열일곱 가지 골목들, 삶의 이정표가 되었던 사건들을 뒤돌아본다. 오랫동안 잊고 있었거나 가볍게 지나쳤던 일들이 남긴 흔적과 의미들을 떠올린다. 앞으로 다가올 골목길은 몇 개일까. 그 주변의 명소들은 무엇일까. 몬터레이 드라이브 코스를 장식해주는 30여 개의 잔잔하면서도 훌륭한 장소처럼, 나의 삶에 전개되는 그곳은 사랑하는 이웃과 함께 서로서로 상대방이 빛날 수 있도록 돕는 무대가 되기를 꿈꾸어 본다.

삶의 여정, 구불구불 리아시스 해안도로보다 더 다양하고 감칠맛 나는 골목길이다. 명소와 명물이 아니어도 그 자리에 있는 것만으로 아름다운 추억을 제공한다. 내 삶에 담긴 사연들을 잘 갈무리하여 앞으로 다가오는 삶 속에서 17가지의 멋진 이벤트를 체험하고 싶다. 관조와 성찰의 시선을 갈고 닦아 그 내용을 더욱 풍요롭게 살찌워가면서 의미 있는 인생길을 만들고 싶다.

삶은 17마일 드라이브 코스보다 더 의미 있고 환상적인 로드 트립이다.

# 나쿠루 호수의 추억

나쿠루 국립공원 호수(Lake Nakuru National Park). 나쿠루, 가만히 부르기만 해도 두 눈이 절로 감기게 하는 호수. 말을 잃고 언어를 잃어버리고 생각조차 망각하게 하는 호수. "그래그래, 말할 필요 없어. 느끼기만 해. 아니 느끼지도 말고 우리와 함께 가만히 있어줘."라고 속삭이는 호수. 아프리카 케냐 행을 결심하게 한 중요한 동기 중의 하나는 나쿠루 호수를 볼 수 있으리라는 희망이 있었기 때문이다.

2백만 마리의 홍학이 산다는 호수. 450 종류의 물새들이 서식한다는 호수. 내가 호수를 찾았을 때는 대부분의 장성한 홍학들이 알을 낳기 위해 탄자니아로 날아가서 여섯 살 아래의 어린 홍학들만 남아 있었다. 그래도 경이로울 만큼 홍학이 많았다. 살아 움직이는 생명체들이 모여서 만들어내는 칼라와 모형이 환상적이었다. 연분홍빛 띠가 호변을 따라 출렁거리는 장관이 거대한 메스게임처럼 감동적이었다.

호변을 따라 달려도 달려도 호수, 호수. 옐로우 위슬링 아카시아와 아프리카 특유의 유포비아 가시나무들이 밀림처럼 우거져있었다. 온갖 이끼식물들이 그 가지들을 감싸고 있었다. 수풀 사이로, 나뭇가지 사이로 짐승들과 새들이 바쁘게 오갔다. 그 모습 그대로 아름다웠다.

멀리 바라다 보이는 길이 새하얗다. 자동차가 지나는 길인데, 자세히 바라보니 그 하얀 길이 움직인다. 좁아졌다 넓어졌다 한다. 구불구불 휘어지기도 하고 끊기기도 한다.

내가 탄 자동차가 급격히 속도를 줄였다. 눈앞에 전개되고 있는 상황이 믿어지지 않았다. 자동차가 전진하는 만큼 길이 열리는 광경이라니. 하얗게 가라앉아 있던 길이 눈앞에서 둥실 떠서 하늘을 향해 굽이굽이 올라가는 것이 아닌가. 분명 길이었다. 희디흰 길. 길은 지상에서 멀어질수록 양쪽으로 폭이 넓어지다가 점점이 하늘 속으로 사라져갔다.

새들의 느린 비상. 새들이, 길을 가득 매운 새들이, 서두르는 기색도 없이 자동차가 달려오는 속도에 맞춰 천천히 날아올랐다. 길가에 내려앉아 몸과 몸을 붙이고 서있던 새들이 자동차가 코앞에 다가오자 그제야 느릿느릿 발가락으로 땅을 치고 날개를 푸드득거리며 날 준비를 했다. 새들은 앉은 자리에서 똑바로 날아올랐는데 그 높낮이가 달랐다. 상대방이 크고 긴 날개를 펼칠 수 있도록 공간을 만들어주기 위한 배려처럼 느껴졌다. 새들은 공간이 충분히 확보가 되었을 때 비로소 날개를 활짝 펴서 전력을 다해 비상했다. 상대방과 자신이 다치지 않도록 하는 상생의 도를 보여주고 있었다. 생명이 경각으로 위협당하는 상황에서도 침착하고 우아한 몸짓에 눈물이 났다.

나는 그저 망연히 바라보았다. 새들이 날개와 날개를 맞대고 빼곡히 매운 하얀 길. 새들이 하늘에 만드는 희디흰 길. 마침내 창공 속으로 흩어져 사라지는 하얀 길.

새들이 사라진 곳에 누렇고 울퉁불퉁한 황톳길이 드러났다. 날개 없는 생물들이 다니는 길. 나는 어찌하여 저 공중의 길을 따라 날지 못하고 여기에 남아 육지의 길을 달리는가.

순연한 날갯짓이여, 고상한 몸짓이여, 매끈한 자태여. 집단의 아름다움이여, 알겠다 알겠다. 군집의 힘, 인간이 연약한 새들을 부러워하고 노래한 이유. 함께 모여 살면 어찌 어려움과 불편이 없으랴. 그래도 모여 삶으로써 얻어지는 따뜻함과 안전감을 생각하면 넉넉히 참을 수 있지.

본론을 얘기하자. 호변을 따라 달리는 동안 낮은 언덕 위에서 호수를 내려다보는 작은 집 서너 채를 보았다. 직사각형 이외에는 부대시설이 전혀 없는 조그마한 오두막. 게스트하우스라 하자. 캐빈이라 불러도 좋겠다. 오, 저런 집에 한 달 두 달 머물면서 호수와 물새들과 지낼 수 있다면. 꿈같은 현실을 맞이할 수 있다면.

무엇을 막상 해야 할까. 무엇을 할 수 있을까. 무엇을 하고 싶은지도 모르겠다. 호변을 산책하며 호수면의 변화를 시간 따라 관찰하고 홍학들을 바라본 다음에는 무엇을 할까. 진정 그런 시간이 주어진다면, 그 다음엔 무엇을 할까. 다음에 생각해보겠다.

나쿠루 호수. 이 호수를 만나기 위해 나는 나이로비 낯선 거리에서부터 택시를 타고 2시간 반을 달려갔다. 4시간을 머문 후에 2시간 반 동안 택시를 타고 숙소로 돌아왔다.

아프리카 어른 노동자 한 사람의 하루 임금이 1달러라고 한다. 나는 하루 동안 500여 명의 노동자들이 받을 수 있는 돈을 썼다. 미션 한다고 아프리카 먼 곳까지 날아와서 개인의 거품 같은 취향을 만족시키기 위해 소중한 일당을 일순간에 날려버렸다고, 이성이 마비된 여자 취급을 받았다.

나는 조금도 미안하지 않았다. 주눅 들지도 않았다. 나는 나의 삶에도 보상이 필요하다고 생각했다. 나쿠루 호수는 아프리카로 떠나기 전부터 꼭 가리라 맘먹었던 곳이었다.

장소를 이동할 때마다 내가 머무는 숙소로부터 얼마큼 멀리 떨어져 있는지 점검하면서 얼마나 마음 졸이고 설레었던가. 8시간이나 떨어져있는 꼬냐오도 아니고, 그보다 더 먼 투루가나도 아니고 지금까지 머물렀던 그 어떤 장소보다 가까운 거리였다. 나는 행동할 수밖에 없었다. 언제 이곳에 다시 올 수 있을 것인가. 나중에 꼭 다시 오리라 다짐했건만 다시 찾은 곳은 그리 많지 않다.

이 세상에 머물 만한 곳을 또 하나 발견한 것으로 만족한다. 그런 장소가 하나둘 늘어날수록 나의 미래는 밝아진다. '언젠가는' 그것을 꿈꿀 수 있다는 것은 아직도 삶의 열정이 남아있다는 의미이니까.

나쿠루 호수는 지금까지 한 장소만을 보기위해서 떠난 여행 중 가장 많은 시간과 경비를 들인 곳이다. 그만한 가치가 있다는 생각은 지금도 흔들리지 않는다. 물이 넘쳐서 길 너머까지 넘실거리던 호수. 바람에 나부끼며 노스탤지어 감성을 뿌리째 흔들던 옐로우 아카시아 나무. 하오의 긴 태양빛을 받아 크고 하얀 날개를 활짝 펴고 나뭇가지와 가지 사이를 나붓나붓 오가던 백로 백로들. 하얗다 못해 푸른빛으로 빛나는 날개의 사분거리는 소리. 버펄로와 임팔라와 기린들의 어슬렁 걸음. 슬로우 모션으로 부드럽게 내려앉고 구불구불 수면을 박차고 날아오르는 홍학 홍학들, 그 거대한 물결을 어찌 표현할 수 있을까. 경이로운 광경 앞에 벌떡이는 심장을 다독였던 감정을 이제 어디서 다시 경험할 수 있을까.

나는 지금도 그렇게 나쿠루 호수를 찾아간 것을 후회하지 않는다. 무모하다 여기지 않는다. 나쿠루를 만나지 못하고 떠나왔다면 어쩔 뻔 했나, 지금 생각해도 아찔할 만큼 현명한 선택이었다.

나쿠루 호수 꿈을 꿀 때마다 빠지지 않는 영상 하나가 있다. 캐빈 앞에 놓인 의자에 앉아 하염없이 호수를 바라보고 있는 한 여자, 그 여자의 움직임 없는 실루엣.

# 건너지 않아 아름다운

## 경계인

나는 경계인이다. 한국 땅에서 태어나고 자란 나는 미국 땅에 와서 모국어가 아닌 이국의 언어로 일상을 살아간다. 동양과 서양의 치열한 의식충돌 속에서 발생하는 임계의 순간을 포착하지 못하고 오랜 세월을 흘려보냈다. 모든 경계에는 깨어지는 아픔 속에서 분출되는 빛과 에너지가 있다는 혜안을 놓치고 살았다. 상실감과 피해의식에 붙들려 파워풀한 경계의 속성을 깨닫지 못했다. 문학을 만난 뒤, 나는 이민자도 본토인도 아닌 자유인이 되었다. 모국이라는 과거를 낯선 땅이라는 현재에 풍부하게 접목시킬 수 있었고, 나의 경계선 의식도 평탄하게 자리를 잡았다.

# 파도는 뒷모습을 보이지 않는다

해변에서는 어떤 생각과 모습도 자연스럽다. 내가 움직여도 좋고 가만히 앉아서 주변을 관조해도 좋다. 바닷가에서는 어느 곳에 있어도 특별한 인식과 영감을 얻는다. 커다랗고 둥근 포물선 안에 둘러싸인 느낌 속에 모든 것이 의미로 다가온다.

파도와 눈높이를 맞춘다. 모래톱으로 달려오는 파도의 형태와 소리가 매번 다르다. 오고감이, 만남과 헤어짐이 어찌 저리 자연스러운가. 삶의 입체적인 모습을 보고 싶다면, 관계의 역학을 알고 싶다면, 파도를 지켜볼 일이다.

파도의 짙푸른 울부짖음에 귀가 먹먹하다. 살아있다는 것은 이렇게 절절한 외침이다. 셀 수 없는 갈래의 아픔이다.

파도에 실려 오가는 메시지를 알 수 있다면 사유의 폭과 깊이는 얼마나 확장될까. 하얗게 부서지고 터지는 파도를 바라보며 관계의 다양성과 이중성을 생각한다.

파도가 밀려왔다가 물러날 때마다 물기 머금은 백사장이 순수로 반짝인다. 밀려오는 열정을 받아들이고 떠나가는 냉정을 포용하는 모습이 넉넉하고 담담하다. 정리되지 않은 감정과 분명치 않은 태도로 다가와도 너그럽기만 하다. 다른 존재를 의연히 받아주고 자신을 의심 없이 내어맡기는 힘은 어디에서 나오는 것일까. 그렇구나. 촘촘하고 예민한 감각이구나. 상대의 감정을 한 가닥도 놓치지 않으려는 섬세한 깨어있음이구나.

세상과의 만남이 미숙한 나는 그만 한숨이 나온다. 아니다. 자신을 탓하지 말자. 예전에 나는 이 나이로는 한 번도 살아보지 않았다. 지금 이 순간에 느끼는 감정은 이전에 느꼈던 감정과 다르다. 삶이 매순간 새롭고 서툰 것은 지극히 당연하다.

파도는 신사다. 유리처럼 매끈한 모래톱일지라도 얕보지 않고 전심전력을 다하여 다가온다. 함부로 선을 넘어오지 않는다. 막는 이 하나 없지만 신중하다. 가르치거나 부탁하지 않아도 멈춰야 할 때를 안다. 감정을 절제하고 신독을 실천하는 일에 베테랑이다. 상대를 해치지 않기 위해 자신의 끼와 열정을 억누르는 몸부림이 처절하다. 앞으로 한없이 달려들고 싶은 마음을 뒤에서 붙들고 안으로 거두어들인다. '그대에게 해주고 싶은 가장 아름다운 말은 아직도 내가 하지 못한 말'이라는 시구 같은 주춤거림. 끝내 속말을 품은 채 물러간다.

파도는 뒷모습을 보이지 않는다. 상대를 바라보며 뒷걸음으로 멀어져간다. 다시 돌아올 것을 알고 있는 게다. 다시 돌아올 수밖에 없다. 떠남과 회귀가 하나이므로. 뒷모습을 보이며 떠나는 인간은, 자신도 알지 못하는 뒷모습을 상대방의 망막에 남기는 인간은, 그러면 뭐냐. 다시는 오지 않을 것처럼 돌아서는 사람은, 등을 돌리고 떠나는 사람은, 어찌 할거나. 붙잡지 않아야 한다. 잊어야 한다. 지워버려야 한다. 스스로 돌아올 때까지 무심한 척 방치해야 한다. 떠나보내는 일이 많았던 나는, 세상천지가 뒷모습으로 보이는 나는, 금세 위로를 얻는다.

사방이 일시에 고요하고 낯설다. 말도 생각도 버린다. 늘 그리운 바닷가에서. 라구나 비치에서.

# 건너지 않아서 아름다운

나는 어릴 적부터 흐르는 것에 유난히 마음이 쏠렸다. 넓은 평야에 녹색물결과 황금물결을 만들어내는 바람. 아침이 되고 저녁이 되면 해와 달이 교대로 흐르는 시간. 밤과 낮, 계절을 무론하고 굽이굽이 끊임없이 살아 흐르는 강물. 세월과 함께 흘러 닳아지고 사라지는 사람의 생명.

이 모든 것을 한꺼번에 볼 수 있는 곳이 있었다. 고향 동네를 가로질러 흐르는 월천강. 그 강가에 자주 나갔다. 강둑에 앉아 흐르는 강물을 물끄러미 바라보기도 하고 강가에 내려가 발을 담그고 하염없이 서있기도 했다. 강물은 차고 조용하고 아름다웠다. 때때로 꽃잎들이 떠내려가고 달빛이 비치거나 별빛이 서렸다. 강 위로 모든 것이 흘렀다. 상념도 추억도 시간도 흘러갔다. 사람의 목숨도 강물처럼 흐른다고 생각했다.

강둑을 따라 강을 거슬러 오래오래 걷곤 했다. 할 수만 있다면 바람을 타고 날고 싶었다. 시간을 따라 흐르고 싶었다. 강물에 실려 떠내려가고 싶었다. 흐르고 흔들려야 내가 살아있는 증거라고 생각했다. 강은 어린 내게 생명의 강으로 다가왔다.

철이 들면서 생명의 강은 죽음의 강이 되기도 한다는 것을 알게 되었다. 내 고향 시골에서는 사람들이 유난히 쉽게 죽었다. 일주일이 멀다하고 상여가 나갔다. 동네 누가 죽었다는 소식은 그리 놀랄 만한 일이 아니었다. 지병으로 예상된 죽음이 아니더라도 나이 50 이전의 사람들이 맥없이 픽픽 쓰러졌다. 소뿔에 받치고, 강물의 소(沼)에 빠지고, 독사에게 물리고, 경운기에 깔리고, 독약을 마시고, 심지어는 벼락도 맞았다. 어린 아이들은 병명도 몰라 열병이라는 통합된 이름의 병을 이삼일 앓다가 숨이 끊어지고 거적때기에 덮여 지게에 얹혀나갔다.

상여는 강을 건너 산모퉁이로 사라졌다. 한나절이 지나면 구슬픈 만가는 더 이상 들리지 않았다. 휘황하게 나부끼던 슬픈 만장이 불에 타 재가 되어 하늘로 날아가면 새들이 나무와 나무들 사이를 오가며 노래를 시작하고 마을은 활기를 되찾았다. 여인들은 강가로 내려가 빨래를 하고 아이들은 물장구를 쳤다. 사람들은 그렇게 죽은 자들을 잊고 흔연스레 살아갔다.

그 평화를 질투하듯 얼마 후에는 다시 누군가가 죽었고 상여는 또 강을 건넜다. 강물에는 삶과 죽음이 함께 흐른다는 것을 그렇게 조금씩 조금씩 깨닫게 되었다. 강이 지닌 비밀을 알아갈수록 나의 의식도 함께 비례하여 성장했다.

각 나라마다 죽음에 대한 설화에는 강이 등장한다. 깨끗하게 씻어주는 성질 때문인가. 끊임없이 흐르는 강의 속성이 삶과 죽음은 하나로 연결되어 있다는 의식과 합일하기 때문인가. 아니면 정반대로 삶과 죽음을 분명하게 나누어주는 어떤 장치가 필요한 건가.

그리스 신화에는 명부에 도달하기 전 건너야 할 다섯 개의 강이 있다. 비통의 강 아케론(Acheron). 저승으로 가는 길목에 있는 첫 번째 강인데 자신의 죽음이 슬퍼서 울며 건넌다. 시름의 강 코퀴토스(Cocytus). 강의 수면에 비친 자신의 비통한 과거를 바라보며 슬픔에 잠겨 건넌다. 불길의 강 플레게톤(Phlegethon). 매우 뜨거운 불덩이가 흐르는데 죽은 자의 지난 생애의 더러운 과거를 태워 정화시킨다. 망각의 강 레테(Lethe). 불길의 강을 지나면서 깨끗해진 영혼이 과거의 기억을 모조리 잊고, 새로운 영혼으로 거듭난다. 증오의 강 스틱스(Styx). 하데스의 궁전을 아홉 바퀴 휘도는 강.

다섯 개의 강의 속성을 통해 죽음을 추론할 수 있다. 죽음은 슬픈 것이다. 사람은 누구나 비통하고 부끄러운 과거를 지니고 있다. 저승의 세계에서는 이생의 기억이 전혀 필요하지 않다. 모든 기억을 내려놓고 영혼을 정화시키는 작업이 필요하다. 모든 의식은 무로 돌아간다. 죽는 일은 아홉 번 넘어지고 다시 일어나는 일만큼이나 어렵다.

불교에도 죽음으로 가는 길에 세 갈래의 삼도천이 있다. 상천・중천・하천. 선인과 악인과 이도 저도 아닌 사람이 건너는 강이 각각 다르다. 권선징악의 철학이 그대로 반영된 죽음의 세계이다. 중국의 민화에 나오는 황천은 그 강을 건넌 사람들이 머무는 장소로 지하 깊은 샘이다. 기독교에서도 죽음을 요단강을 건넌다고 표현한다. 어느 경우든 죽음과 강과 물은 밀접한 관계가 있음을 알 수 있다.

이쪽 세계에서 저쪽 세계로 건너는 강에는 물이 가득 차 있다. 사람은 물 위에서는 걸을 수 없다. 물을 건너려면 배가 있어야 한다. 저쪽 세계로 건너는 배는 산 자들이 타면 가라앉아 버린다. 죽어야만, 육체와 정신조차 무가 되어야

만 건네주는 배. 죽은 자들만이 죽음의 강을 건널 수 있다.

수술실에서 일하는 나는 누구보다 죽음을 많이 지켜본다. 수술실 안에서는 죽음의 경계에 선 사람들이 사투를 벌인다. 그들은 내일이라는 시간을 간절히 원한다. 수술실 한복판에는 수술대가 놓여있고 그 위에 환자가 실려 있다. 하얀 시트가 덮여있는 수술대가 죽음의 강 위에 떠 있는 배처럼 보일 때가 종종 있다. 삶이 아름답고 죽음이 신성하다고 느껴지는 순간이다.

이 세상 삶은 눈물과 고통으로 건너는 강이다. 실망과 실패와 고통의 연속이다. 좌절감과 무력감에 압도당할 때가 많다. 하늘 시민이 되면 그런 아픔을 겪지 않아도 된다. 광대한 우주를 만든 신의 섭리를 이해하고 그곳을 여행하며 삶의 진정한 환희를 영원히 누리게 된다. 상상만 해도 가슴이 뛴다. 어느 한순간이라도 우리가 돌아가야 할 본향을 잊지 않을 일이다.

어렸을 적에 강물에 발을 담글 때마다 예상치 않던 냉기에 소스라치게 놀라 몸을 떨었던 기억이 난다. 성인이 된 지금 자주 만나는 죽음 앞에서 매번 온몸과 마음이 움츠러들 때마다 차가운 강물을 생각한다. 죽음은 어쩌면 그 냉기일지 모른다. 따뜻하지 않은 것. 눈물이 없고 동정심이 없는 차디찬 마음은 죽음과 다를 바 없지 않을까.

건너지 않아서 아름다운 강. 아직 살아있기에 건너지 않는 강. 건너지 않아도 되는 강. 건너면 다시는 돌아올 수 없는 강. 살아있는 동안에는 결코 건널 수 없는 강. 그 조건만으로도 삶은 소중하고 애틋하다.

죽음이 오기 전까지는 진정 죽지 않아야 한다. 영과 혼을 다하여 살아야 한다. 알지 못할 죽음에 연연해하지 말고 삶에 집중하여 힘껏 살아야 한다. 이웃을 사랑하고 섬기면서. 죽어도 썩지 않을 몸을 다시 주실 그분을 믿고 기다리며. 그러다가 그때가 오면 안녕 즐거웠어, 가볍게 목례하고 떠나는 것이다. 그 강을 건너는 것이다.

# 수평선

카피스트라노 비치(Capistrano Beach) 은빛 모래밭에 앉으니 수평선이 눈높이에 떠 있다. 멀리 바라다 보이는 수평선이 호수처럼 잔잔하다. 수평선, 형이상학적이고 유동적인 선. 실제로 존재하지 않는 물리광학적인 선. 눈높이를 조금만 달리해도 좀 전의 수평선이 더 이상 아니다. 수평선이라고 여겼던 지점에 닿으면 그것은 어느덧 사라지고 없을 것이다. 대신 저만치 새로운 수평선이 보이리라. 그것은 전에 보았던 수평선이 아니다. 수평선이라 불렀던 그것은 수평선이라 불릴만한 거리만큼 뒤로 물러나 있을 것이다. 일정한 거리를 유지할 때 보이고 느껴지는 존재. 세상에는 아름다운 간격을 유지함으로써 서로를 사랑하는 증거로 삼는 관계가 얼마나 많은가.

수평선 저쪽은 저리도 고요한데 이쪽은 역동적인 파도소리로 난만하다. 모래밭 위에서 부서지는 파도가 하얗다. 옥색 물덩어리가 백사장으로 몰려오면서 하얗게 변하는 이유를 생각한다. 타인과의 만남은 내가 깨어지는 것이고 내가 바뀌어야 한다는 것을 받아들이는 일이다. 마음으로만 결심하지 않고 실천하는 것이다. 저 파도를 보라. 칼로도 벨 수 없을 만큼, 너와 나를 구분할 수 없을 만큼, 촘촘하게 엉킨 물이 스스로 깨어져 하얀 포말로 바뀌지 않는가. 그렇게 하지 않으면 다가갈 수 없다. 상대를 받아들일 수도 없다. 스스로를 가벼운 거품으로 묶어 존재감을 낮추어야 상대에게 상처를 주지 않는다. 그래야 다시 만날 수 있다.

물러간 파도의 끝을 따라 눈을 드니 다시 수평선. 그지없이 잔잔하다. 수평선은 언제나 일직선으로 잔잔하다. 반듯하지 않거나 잔잔하지 않으면 수평선이 아니다. 눈비가 내려도, 폭풍우가 불어도 수평선은 늘 평온하다. 아니다. 잔잔해 보일 뿐이다. 거센 풍랑이 일고 있을지도 모를 일. 멀리 떨어져 있어야 평화로워지는 일이 얼마나 허다한가.

거친 감정과 상처도 저만큼 멀어지면 저리도 담담해질까. 나 자신을 세상으로부터 저 거리만큼 떼어놓으면 사는 일이 조금은 수월해질까. 외로울 것 같다. 사는 맛이 없을 것 같다. 홀로 있는 시간이 길어지면 사람이 그리워지지 않는가. 사람은 사람 속에서 살아야지. 아프더라도 상처 입더라도 사람 속에 묻혀 살아야 한다. 인간은 어떤 인연을 맺더라도 아프기 마련이다. 관계의 대가(代價)이다. 딜레마. 그와 나와의 거리는 얼마만큼 떨어져 있어야 아름다울 수 있는가.

가까이 다가가는 거리만큼 멀어지는 수평선도, 백사장에 닿은 뒤에야 자멸하는 파도도 존재 이유가 있다. 바다를 알면 삶의 아이러니를 어렵지 않게 긍정할 수 있다.

백사장에 엎드려 수평선과 파도를 번갈아가며 바라본다. 이렇게 재미있는 놀이가 어디 있을까. 멀리서 무심한 척 평온한 수평선. 백사장을 어루만지며 애살거리는 파도. 조화롭고 조화롭다.

# 암호

지구상에서 가장 넓고 가장 깊은 태평양 바다가 발아래 누워있다. 이 세상의 모든 무늬와 문양은 바다에서 비롯되었을 것이다. 하늘 상공에서 내려다본 바다는 거대한 화폭, 하얀 솜털처럼 떠있는 파도에 온갖 형태의 무늬가 새겨져 있다. 바다는 모든 예술의 모체(母體). 지구의 비밀은 바다에서 시작한다. 인간을 구성하는 비밀부호의 90퍼센트도 물로 만들어진 세포 속에 들어있다. 그 암호를 해독할수록 신의 마음에 가까이 다가갈 것이다.

오래전부터 알았다. 사람의 생각과 의지, 약속과 다짐의 끝자락에는 늘 허무의 대명사가 기다리고 있다는 것을. 그럼에도 불구하고 기대와 희망은 끝내 버릴 수 없었다. 파장은 같은 파장을 알아본다는 말. 우주의 기와 에너지는 제 빛깔끼리 모인다는 역학. 만나야 할 사람은 언젠가는 만난다는 인연설. 선조들이 오랜 세월동안 터득한 지혜이니 존중하고 신뢰해야 한다고 나 자신에게 타일렀다.

하늘까지 닿는 것이 사람의 마음이라는데 그 마음을 아는 것이 왜 이다지도 어려운가. 라디크의 속담처럼 '호랑이의 줄무늬는 밖에 있고 사람의 줄무늬는 안에 있기' 때문인가. 구곡간장, 하기야 굽이굽이 사무친 마음의 DNA에 찍혀있는 암호의 조합과 변이를 어찌 짐작이나 할 수 있겠는가.

바다와 사람은 닮았다. 바다가 만들어내는 무늬만큼이나 암호로 가득 찬 인간의 마음. 한 길 사람 속을 알고 싶을 때마다 느끼는 감정은 바다를 바라볼 때마다 느끼는 감정과 어찌 이렇게 똑같은가. 막막함.

# 뒤로 걷다

백사장을 홀로 걷는다. 맘 내키는 대로 걷다가 멈추고, 앞으로 뒤로 걷는 자유를 즐긴다. '자유는 고달픈 방황이지만 삶의 조건'이라고 김지하 시인은 노래했다. 지금 내가 잠시 빌린 자유는 오늘 내 삶의 조건이다.

가던 걸음을 멈추고 뒤를 돌아본다. 내가 걸어온 발자국이 보인다. 반듯하게 걸었다 생각했는데 이어진 발자국들이 어수선하다. 어디에선가는 보이지 않는다. 밀려온 파도가 지워버렸을 것이다. 이 세상에서 나라는 존재가 사라지면 저처럼 아무 흔적도 남지 않을 테지.

「모래 위의 발자국」이라는 시가 생각난다. 시인은 예수님과 함께 걸어서인가, 그림에 나타난 발자국 선들은 고르고 반듯하다. 나는 그분을 의식하지 않고 걸어서인가, 내 발자국은 보폭도 고르지 않고 비틀거린다. 마음속에 사랑의 대상이 자리 잡고 있는 사람은, 사랑을 품은 사람은, 함부로 살지 않는다 했거늘.

발걸음을 뗀다. 텅 빈 해변을 걷노라니 오르텅스 블루의 시, 「사막에서」가 생각난다. "그 사막에서/ 그는 너무도 외로워/ 때로는 뒷걸음질로 걸었다/ 자기 앞에 찍힌 발자국을 보려고." 시인은 메마른 사막 위를 홀로 걷는다. 나는 젖은 사막 위를 홀로 걷는다. 누구나 황무한 땅을 각자 혼자서 걷는다. 아파야 보이는 것들이 있듯이 외로울 때라야 깨달아지는 것이 있다.

뒷걸음으로 걷기 시작한다. 반듯이 걸은 것은 마음뿐이었다. 눈앞에 찍히는 발자국이 구불구불하다. 나는 지금까지 잘 살았다고 말할 수 있을까. 많이 참고 침묵했다고 자신할 수 있을까. 참된 인내란 더 이상 참을 수 없는 그 순간부터 시작하는 것이라 했거늘.

태양은 어느새 중천에 떠서 그림자를 반대편에 내려놓는다. 파도는 물러가면서 모래 위에 부드러운 물결무늬를 새긴다. 유심히 들여다보니 우주의 문자 같다. 그 뜻, 몰라도 된다. 분명 따뜻한 내용이라는 것을 믿는다.

파도에 휩쓸려 떠내려가는 모래알들이 물속에 떠서 흔들린다. 물속까지 스며든 햇빛에 반짝이는 모래알들을 바라본다. 모래란 돌이 닳아 만들어진 형태라는 단순한 생각이 일격을 당한다. 모래 알갱이의 근원이 다양하다는 인식에 눈을 뜬다. 바위, 깨진 유리병, 사기조각, 쇳조각, 조개껍질… 모래는 세상 모든 물질들의 또 다른 이름이다. 오랜 시간을 거치는 동안 같은 크기로 둥글어져 모래라는 하나의 이름이 된다. 우리 인생도 언젠가는 모래라는 보통명사로 남게 될 것이다. 모래든 먼지든 흙이 우리의 근원이고 정체이다.

결국 '우리는 하나'가 될 것이다. 내가 지금 모래가 된 어느 누군가를 밟고 이렇게 서있듯이 나도 언젠가는 한 줌 젖은 모래가 되어 삶에 지친 어느 누군가의 두 발을 받쳐줄 것이다.

앞으로 걷는다. 삶은 일방통행이라 생각했는데, 아니다. 라운드 트립. 떠나왔던 곳으로 되돌아가는 것이다. 이렇게 귀소를 연습하다가 언젠가는 진정한 본향으로 되돌아가리라.

아직도 모래톱 위에 군데군데 남아 있는 나의 발자국을 본다. 내 발자국 위에 얽혀있는 다른 발자국들도 만난다. 이 길을 걸어올 때는 분명 나 혼자였는데 되돌아오는 길에 보니 발자국이 여럿이다. 혼자라고 생각했는데 아니었다.

혼자 넉넉히 걸을 수 있었던 이유를 알겠다. 내가 걷는 길에 누군가 앞서 걸었다. 내가 걸어온 길을 지금 누군가가 걷고 있다.

엉킨 발자국들이 정겹다. 겹친 모양이 아름답다. 사람 만나는 일이 쉽지 않다. 내게 다가온 사람들도, 내가 기대게 된 사람들도 서로가 나눠야 할 그 무엇이 있기 때문일 것이다. 그 정체를 모른다 할지라도 소중한 인연으로 받아들이자.

어느새 썰물인가, 파도가 저 멀리까지 물러나 있다. 신을 벗고 양말을 벗고 파도가 와 닿는 지점까지 내려가 걷는다. 고운 모래가 찰지다. 발바닥에 닿는 단단하고 섬세한 감촉이 잠들어있던 감성을 깨운다. 너그러운 물결이 발목을 부드럽게 간질인다.

저 멀리, 떠나왔던 시작점이 보인다.

# 고래 등

"고래다!", 짧은 외침이 들렸다. 나는 보았다. 고래, 아니 고래 등! 전체 고래 몸의 15퍼센트! 푸른빛이다. 회색빛이기도 하고 갈색이기도 하다. 아 모르겠다, 색깔이 중요한가. 바닷빛이라 해두자. 반사된 태양빛이 거대한 몸 위에서 부서진다. 큰 몸이 포물선을 그리듯 둥그렇게 뒤척인다. 몸을 구부리는 동작이 슬로우 모션 영상처럼 느리고 유연하다. 우와, 정말 길다. 정말 크다.

바로 내 눈 앞에서 하얀 수증기가 분수처럼 높이 오래오래 치솟는다. 폐 속에 있던 공기가 터져 나오는 한 번의 호흡. 한두 시간에 한 번씩 쉬는 숨. 이토록 깊게 숨을 쉬는 생물이 있구나. 숨을 크게 쉬는 생물은 초인격 아닌가. 평범한 인간도 길고 깊게 호흡하는 순간 철학자가 되는데. 고래가 한번 숨을 쉬는 동안 수백 번 숨을 쉬어야 하는 인간은 우주의 기운을 느끼지 못하는 것이 당연하다.

어느 순간 사라져버린다. 눈앞에서 완만한 곡선을 그리며 미끄러지듯 활강하던 고래. 고래의 거대한 등. 현실이었다고 믿어지지 않을 만큼, 환영이었나 싶을 만큼 벌써 아련하다.

고래 등. 고래 몸의 15퍼센트. 관계의 15퍼센트. 내가 상대를 잘 알고 상대도 나를 잘 안다고 믿지만 사실은 그 이해의 정도가 15퍼센트에 그치는 것은 아닐까. 85퍼센트의 짐작과 추측으로 상대를 판단하는 것은 아닐까. 15퍼센트에 의지하여 관계를 맺는 것은 얼마나 위험한 일인가.

인간관계에서 빚어지는 오해와 단절의 원인을 생각해본다. 15퍼센트의 이해로 100퍼센트를 다 안다고 여기는 자기 확신. 인간사의 비극은 15퍼센트에 85퍼센트를 배팅하는 도박성에 있지 않나 싶다. 장님이 코끼리 다리를 만지는 격이 아닌가. 내가 신뢰하는 상대방을 제대로 알지 못한다는 가정은 얼마나 쓸쓸하고 안타까운 일인지.

지구에서 가장 큰 체구를 지닌 생명체, 고래. 심장이 코끼리만 하다는 고래는 마음이 얼마나 크고 넓을까. 그들은 함부로 가볍게 움직이지 않을 것 같다. 사람도 고래처럼 마음을 키운다면 쉽게 흔들리지 않을 것이다. 어떤 상황에서도 15퍼센트에 기대지 아니하고 85퍼센트를 신뢰하는 아량을 지닐 것이다.

고래와의 소통을 꿈꾼다. 지구의 70퍼센트나 되는 공간을 삶의 무대로 누비는 생물이니 보고 들은 이야기들이 얼마나 다양할까. 평균수명 100년 동안 얻은 내공과 그들의 선조들이 가르쳐준 삶의 지혜가 얼마나 많을까. 고래처럼 마음을 키우고 싶다는 열망으로 온몸이 뜨거워진다.

고래는 눈앞에서 사라져버렸다. 한바탕 꿈을 꾼 것 같다. 눈앞에 보이는 바다는 이제 예전의 바다가 아니다. 깊은 물속을 유유히 헤엄치는 고래가 있고 수면 위로 솟아오르는 고래가 사는 바다이다.

나는 고래 등을 보았다.

# 경계선 너머

바닷가 백사장에 앉아 바다를 바라본다. 파도의 다양한 움직임에 눈길이 머문다. 유연하게 굽이치며 달려오다가 해안으로 접근할수록 빠르고 세찬 물결을 만들어내는 파도. 그 파도의 정점에 시선을 맞춘다. 백사장 위에서 슬그머니 사라지는 파도의 끝을 지켜본다. 파도의 생성과 사멸이 감동적이다.

평온하고 무념한 모래밭에서 생동감 넘치는 파도를 만난다. 뾰족한 것들이 닳고 닳아 무르익은 모래밭의 연륜과 순간적으로 일어났다가 사라지는 파도의 영감이 불꽃처럼 일어나는 화려한 조우. 파도를 맞이하는 모래밭의 의연함. 육지에 닿으면서 전율하는 파도의 환희. 파도가 모래를 품었는가. 모래밭이 물을 가두어 버렸는가. 혼자서는 결코 이루어낼 수 없는 관계의 미학, 상대가 있음으로 빚어지는 시너지를 생각한다. 경계의 단면, 단면의 경계. 모든 의미는 상대가 있을 때 생성된다.

경계선 철학의 대가, 폴 틸리히(Paul Tillich)가 생각난다. 이민자로서의 경험을 통해 독특한 실존 철학을 집대성한 사람. 독일의 프랑크푸르트 대학 철학교수였던 그는 나치당국의 탄압을 피해 1933년 47세 나이로 미국에 이민했다. 두 개의 대륙권 사이에서 체험한 문화충격을 바탕으로 '앎을 얻기에 가장 좋은 곳은 경계선'이라는 경계의 철학을 완성했다. 신학과 철학, 이성과 계시, 삶과 죽음 등, 상반적인 개념의 융합을 논리적이고 설득력 있게 펼쳐 미국의 지성인들에게 지대한 영향을 주었다.

경계선 너머에 있는 무한한 가능성을 제시한 것은 그의 철학이 이룩한 쾌거이다. 그는 말한다. 타국으로의 이민은 단순히 개인적이고 내적인 변화를 의미하는 것만이 아니라고. 분명한 한계선을 넘어서 새로운 미지의 길로 나아가는 능동적인 내딛음이라고. 과거의 체험이 현재를 도울 수 있는 사고체제를 구축하면 기존의 삶을 뛰어넘을 수 있다고. 공감을 넘어 감동으로 닿아오는 것은 내 자신이 이민자이기 때문일까.

나는 경계인이다. 한국 땅에서 태어나고 자란 나는 미국에 와서 모국어가 아닌 이국의 언어로 일상을 살아간다. 동양과 서양의 치열한 의식충돌 속에서 발생하는 임계의 순간을 포착하지 못하고 오랜 세월을 흘려보냈다. 모든 경계에는 깨어지는 아픔 속에서 분출되는 빛과 에너지가 있다는 혜안을 놓치고 살았다. 상실감과 피해의식에 붙들려 파워풀한 경계의 속성을 깨닫지 못했다.

다행히 문학을 만났다. 문학의 정원으로 들어서면서 이민자도 본토인도 아닌 자유인이 되었다. 문학의 뜰 안에서는 하늘 구름도 타고 산 같은 파도도 넘는 상상력을 맘껏 풀어놓을 수 있었다. 문학을 통하여 나는 모국이라는 과거를 낯선 땅이라는 현재에 풍부하게 접목시킬 수 있었고, 나의 경계선 의식도 평탄하게 자리를 잡았다.

백사장에 앉아 모래톱 위에서 부서지는 파도를 바라본다. 해안선보다 더 좋은 경계를 어디서 만날까. 달에서 몰려온 에너지가 해안에서 부서져 터지며 쏟아내는 힘. 지칠 줄 모르고 밀려오고 밀려가는 에너지 속에서 뿜어져 나오는 다이내믹한 카리스마. 치열하고 처절한 부서짐으로 이루어내는 삶의 환희. 귀하고 아름답다.

샌디에이고 실버 스트랜드 비치 백사장에 앉아 수평선과 파도를 번갈아가며 바라본다. 앎을 얻기에 가장 좋은 곳은 경계선이라 말했던 폴 틸리히의 철학을 명상한다. 하늘과 바다의 경계, 물과 육지의 경계, 그 의미와 가치를 생각한다. 무엇이 더 필요한가. 이렇게 충만한데.

# 밀물

바하 캘리포니아 최서단에 순박한 바다가 하나 있다. 좌우로 몇 십 마일을 달려도 곱고 하얀 모래밭 해안이 끝없이 이어지는 곳. 사람들이 태어나고 죽어도 정부에 신고하지 않는 곳. 거주지 주소가 없어서 우편배달부가 오지 않는 곳. 등기되지 않은 땅, 등록되지 않은 바다. 탄생과 사망의 기록이 필요 없는 멕시코 원주민들처럼 그렇게 순전한 바다. 샌 퀸튼 새벽 바다.

이상하다. 비현실적인 공간에서 맛보는 확장된 자유. 나 언제든 용서받지 못할 죄를 짓고 들어와서 살 수 있는 도피성에 몸을 부린 듯 평안하다. 아, 죄를 지을 수 있는 자유. 얼마나 저릿한 일이냐.

파도의 호흡이 길다. 한두 번의 호흡으로 달려와 땅을 한 자락씩 슬그머니 점령하며 부풀어 오르는 바다. 오매불망 그리던 달과의 거리가 좁혀짐에 따라 벅찬 가슴이 뛰노는가, 온갖 형태의 파도 모양을 만들어내며 기쁜 감정을 숨기지 않는다.

양끝을 가늠할 수 없을 만큼 길게 밀려오는 파도의 포말이 장관이다. 거침없이 유유하게 몰려오는 물결의 파동이 부채춤의 피날레 같다. 오직 한 방향을 향하여 앞으로 앞으로 쉼 없이 움직이는 군악대. 퇴진은 없고 오직 전진만 있는 인해전술. 전쟁의 여신 아테네의 구애를 거절하고 연인 아미모네를 찾아 나선 바다와 돌풍의 신 포세이돈의 위풍당당한 발걸음.

인생을 고해라고 한다. 저 밀물을 보라. 환희에 몸부림치며 달려오는 몸짓이 어찌 고통일까. 살과 뼈를 떨고 흔드는 저 장난스런 교태를 어찌 아프다 할까. 사랑스런 투정과 재잘거림이 왜 고뇌일까. 사랑에 순연하게 반응하는 여인의 행복한 몸짓인 걸.

천태만상의 행복이 파도에 얹혀 끊임없이 밀려오고 있다. 그 행복 미처 다 누리지도 않았는데 사방팔방에서 온갖 빛깔의 행복이 겹겹으로 포개어 들이닥치고 있다. 행복을 영접하는 마음이 터질 듯 터질 듯 위태하여 오히려 깊이 가라앉는 파도.

그리움으로 외로운 사람아, 외로움으로 막막한 사람아, 바다로 오라. 온몸과 혼으로 맞아주는 환영의 진수를 맛보리라. 물보라를 앞세우고 세레나데를 부르며 달려오는 벅찬 영접을 받으리라.

# 6.

# 해인(海人)

**나이아가라 폭포**

캐나다 상공에서 나이아가라 폭포와 대면했다. 낮과 밤과 새벽에 달라지는 폭포의 얼굴을 보았다. 어느 순간, 깨지고 부서진 물방울이 수증기가 되어 대기 속으로 사라지는 광경을 목격했다. 열을 가하지 않아도 액체가 기체가 되는 현상. 물이 하늘로 돌아가고 있었다. 나의 어깻죽지에도 날개가 솟을 건가, 내 어깨를 자꾸만 쓸어보았다. 누군들 젖은 날개 다시 활짝 펴 날고 싶지 않으랴. 환생과 승화의 삶 빚고 싶지 않으랴.

# 월천(月川)에서 월천(月天)으로

달을 품은 강이 고향마을을 끼고 흘렀다. 우거진 갈대가 소소거리는 제방 아래에는 휘휘 늘어진 머리채를 살짝 물에 담근 수양버들이 있었다. 수양버들 이파리 사이에서는 늘 바람이 구르는 소리가 났다.

달이 뜨고 머물며 빛으로 함께 흐르는 강. 흐름이 느리고 조용한 강물 위에는 달빛이 흩어지지 않고 그대로 머물러 있곤 했다. 저녁 무렵이면 산그늘이 강물에 고스란히 내려앉았다. 고요한 시간에는 먼 곳에 있는 산사의 종소리가 아련히 울려 퍼지다가 강물 속으로 스며들었다.

다리를 건너 산으로 가는 망자를 향해 부르짖는 호곡소리를 아는 강. 강은 마을과 숲의 경계이고 산 자와 죽은 자를 가르는 경계였다. 산 자는 다리에 닿으면 망자를 향해 마지막 절을 하였다. 상여가 다리를 건너 산모퉁이를 돌아갈 때까지 바람 속에 하염없이 서서 망자를 배웅했다. 심한 비바람 속에 다리 위를 위태하게 건너는 상여행렬 앞에 서서 나부끼던 만장과 상여꾼들의 구슬픈 소리가 강물에 잠기는 것을 지켜보았다.

죽은 자는 다리를 건너 산으로 가서 다시는 되돌아오지 않았다. 산 자는 다리를 건너 산에 가서 밤, 감, 대추, 약초를 지게에 지고 돌아왔다. 땔감나무도 솔가리도 걷어왔다.

내 유년의 뜰은 월천강이었다. 그 강물로 머리를 감고 몸을 닦고 옷과 이불 때를 씻어냈다. 강물은 어느새 나의 체세포 성분이 되었다. 슬픈 하루를 보낸 날은 해거름에 강으로 나갔다. 강둑에 오랫동안 앉아있노라면 마음이 안정되었다. 엄마의 양수가 이 강물을 닮았을 거라고 생각했다.

고향 월천에서 맨 처음 보았던 달을 나는 그 후 몇 번 만났다. 그때마다 달은 내게 의식의 전환이라는 선물을 가져다주었다. 요세미티 계곡에서 보름달을 만나고 나서 나는 미국이라는 이방인의 땅을 사랑하겠다 마음먹었다. 아프리카 꼬냐오에서 보름달을 만난 이후에 나는 나의 생애가 월천(月天)이 되기를 간절히 소망했다.

아프리카 꼬냐오에 8일간 머물렀다. 메마른 황토의 땅에 밤마다 비가 내렸다. 7년 만에 내리는 비. 원주민들은 비를 맞으며 춤을 추고 노래를 불렀다. 처마 아래마다 움푹한 공간을 가진 모든 물건들을 촘촘히 줄을 세워 소중한 물을 받았다.

나는 한밤중에 숙소 밖으로 나와서 빗물로 머리를 감고 목욕을 했다. 하늘을 올려다보니 짙은 구름 사이로 커다란 보름달이 떠있었다. 고향마을 월천에서, 이국 땅 요세미티 계곡에서 보았던 바로 그 달이었다.

나는 머리를 들었다. 달빛이 얼굴 위에 쏟아져 내렸다. 달과 눈이 마주치는 순간, 달빛이 나의 젖은 몸속으로 스며들었다. 나는 그 빛이 빠져나가지 못하도록 타월로 나를 단단히 여몄다.

# 사구(砂丘)에 누워

밀물인가. 파도의 경계를 따라 젖은 모래 위를 걷던 나는 거센 파도를 피하느라 모래톱 위로 점점 밀려 올라갔다. 바람 싸늘한 아침이어서인가, 넓은 바닷가는 텅 비어있다.

자유가 늘 목마르다. 막는 사람이 있는 것도 아닌데 내가 살고 싶은 방식으로 살지 못한다. 내가 원하는 삶은 진정한 나로 사는 것이건만 마음의 원을 따르지 못한다.

진정한 나로 산다는 의미는 무엇인가. 내가 원하는 삶이란 어떤 것인가. 나의 삶의 방식과 습성은 내가 소속한 사회에서 얻은 것이다. 꿈과 비전도 내가 몸담은 공간을 기반으로 생성되었다. 내가 수용할 수 있는 범위라고 여겼던 일들의 결과에 대한 좌절이나 낙망도 사회 체계 안에서 경험한다. 나의 생각과 행동은 개인적인 요소와 사회적인 요소의 융합으로 이루어진다.

내가 원하는 것을 모두 이룰 수 없다. 진정한 만족과 행복은 주어진 환경을 지혜롭게 받아들이는 성숙한 안목을 통하여 얻을 수 있다. 행복에도 차원이 있다. 단세포적이고 일차원적인 행복은 다른 이름으로 불려야 마땅하다.

사는 일은 상처를 입는 일이다. 미처 치유 받지 않은 상처 위에 상처를 덧입으며 살아간다. 사노라면 내면의 성숙 정도와 무관하게 어쩔 수 없이 입는 상처가 있다. 상처는 크든 작든 쉽게 아물지 않는다. 그것들과 함께 사는 일에 익숙해지는 방법을 터득할 뿐. 옹이가 된 상처가 나무를 단단하게 만들어주는 것처럼 어떤 상처든 약진의 발판으로 만드는 것이 삶의 지혜이다.

지난 삶이 주마등처럼 스치며 회한이 몰려온다. 그러지 말았어야 하는데. 짧은 생각이 불러들인 무모한 선택과 도전. 어둠과 혼동 속에서 허비한 에너지와 시간들. 후회와 미련과 자책이 마음을 짓누르고 영혼은 거센 감정의 소용돌이에 압도당한다.

풍선 바람 빠지듯 어깨에서부터 맥이 탁 풀리더니 무릎이 저절로 꺾인다. 열흘째 심한 독감을 앓고 있는 탓인가. 숨 쉬는 일조차 노동이다. 얼마큼 걸어야겠다고 정한 것도 아니니 이쯤에서 그만 멈추어도 되지 않느냐고, 파도가 타이른다.

마른 모래 둔덕에 올라가 주저앉는다. 허리를 바닥에 대고 싶어진다. 마음을 알아챈 몸이 내게 묻지도 않고 상체를 앉은 채로 뒤로 넘어뜨려 버린다. 등에 닿는 차가운 감촉이 나쁘지 않다. 냉기 속에도 온기가 담겨 있다. 몸의 많은 부분이 땅에 닿아서인가. 편안하다. 눈까지 감으니 더없이 평안하다.

양손에 한 움큼씩 모래를 퍼 올린다. 순식간에 모래가 흘러 빠져나간다. 놓친다 해도 한줌 모래가 사람의 손이라면 좋겠다. 외로운 세상. 사람은 천지에 가득한데 손잡을 사람이 많지 않다. 오죽하면 현자는 말했을까. 외로움에 사무치면 기도할 때처럼 자신의 손이라도 맞잡아야 한다고. 자신의 그림자라도 부둥켜안아야 한다고.

자신을 일으켜 세울 사람은 자기 자신밖에 없다. 외로움이 자기 안에서 만들어진 것이라면 스스로 통제할 줄도 알아야 할 것이다. 이 사실을 깨달았다 해도 사는 일이 수월해지는 것 같지 않다.

모래톱에 누우니 만사가 태평하다. 얼마동안이나 이 무심한 평안과 자유를 누릴 수 있을까? 샌디에이고 라 코로나도 비치의 하루가 넉넉하다.

# 물새

물새 한 마리가 수면을 차고 오른다. 유연한 날갯짓이 황홀하다. 두 날개의 단면이 하늘을 배경으로 반듯하다. 강함과 부드러움이 만나서 빚어내는 역설적인 조화. 두 개의 날개를 동시에 움직이되 방향과 속도와 고도에 따라 각도를 조절하는 지혜.

물새의 비상은 혼자여도 완벽하고 아름답다. 저 새는 혼자 날고 있다는 사실을 인식하고 있을까? 광활한 바다 위에 한 점으로 떠서 바다를 압도하는 의지. 하늘과 바다를 일시에 자신의 삶의 배경으로 만들고 주인공으로 등극하는 솜씨가 경이롭다. 조화와 균형은 황금분할에 있지 않다는 것을 보여주는 몸짓이 당당하다.

낮게 떠서 수면과 수평으로 날던 물새가 물 위에 사뿐 내려앉는다. 오, 저 유연한 가벼움이라니. 낙엽 한 장 물 위에 떨어지는 것 같다. 한동안 물결에 몸을 맡기고 출렁인다. 둥실 물 위에 떠서 흔들리는 수채화. 삶이란 이렇게 흔들리는 것이라고, 흔들림에 저항하지 말고 리듬을 타면 자연스럽고 아름다운 삶이 된다고 말하는 것 같다. 말없이 온몸으로 보여주는 팬터마임.

물새가 다시 수면을 박차고 가볍게 창공으로 날아오른다. 바람을 가득 품은 풍선 하나가 둥실 떠오르듯 가볍디가벼운 수직 상승. 수면 위에 내려앉는 자태도 비상하는 몸짓도 그지없이 오묘하다. 내려앉되 추락하지 않고 젖지 않는다. 비상하되 서두르지 않고 비약하지 않는다.

한동안 비상하던 물새가 두 날개를 쭉 펴고 같은 높이로 활강한다. 가야할 곳을 확실히 아는 몸짓이다. 그렇다. 나는 새는 머뭇거리지 않는다. 시야에서 멀어져 더 이상 보이지 않는 새. 물새 한 마리가 남긴 메시지가 푸른 하늘가에 선명하다.

'의지를 굳게 하라. 머뭇거리지 마라. 너 자신을 믿어라.'

# 서해갑문(西海閘門)

대동강물을 따라 내려가면 남포를 거쳐 바다로 들어가는 길목에 다다른다. 대동강 하류가 조선 서해와 마주치는 서해갑문이다. 강과 바다가 얼굴을 마주 바라보고 있어도 만나지 못한 채 이십 리 서해갑문으로 나뉘어 철썩인다. 휴전선으로 가로막혀 50여 년 동안 서로 만나지 못하는 사람들의 아픔과 그리움을 대변하는 것 같다. 똑같은 역사를 가지고, 똑같은 언어를 사용하고, 똑같은 피가 혈관 속에서 굽이치며 흐르는 사람들. 분단의 설움이 와락 몰려와 목이 멘다.

서해갑문. 서해 날바다가 대동강으로 넘어오지 못하도록 만든 댐. 대동강물이 서해 바다로 흘러들어가지 못하도록 막아놓은 벽. 민물과 바닷물이 섞이지 못하는 아픔이 오랜

멍처럼 푸르다.

차마 말하지 못했다. 그리움은 거리의 원근과 무관하다고. 수만리 떨어진 이별도 아프다고. 강과 바다의 만남은 자연의 섭리일진대, 이들이 함께해서는 안 된다고 누가 정했을까. 만남에는 때가 있다고, 서로 좋아해도 만나서는 안 되는 사람들이 있다고, 누가 말했을까.

민물과 바닷물은 이렇게 나뉘었다. 그 둘을 갈라놓은 이십리 서해갑문은 말없이 가르친다. 나뉘어야 좋아지는 인연이 있다고. 만나지 못함으로 복된 관계가 있다고. 모든 세상사는 일어날 일이 일어나고 이루어질 일이 이루어진다고. 지금은 이해할 수 없지만 훗날 깨닫게 되는 때가 온다고.

서해갑문은 역설의 대가(大家). "그런데…." 직접 말하지 않고 바람에 실어 전한다. 밑 빠진 독에 물 붓기를 포기하지 말라고. 깊고 깊은 바다에 자갈을 붓고 그 자갈이 거센 파도에 쓸려가 형체도 없이 사라져도 포기하지 말라고. 이렇게 멋진 자동차 길과 기찻길을 내지 않았느냐고.

그제야 이해가 되었다. 대동강과 서해가 각자의 운명을 받아들인 이유. 그들의 이별이 유익하고 의미 있다는 설득에 두 손을 든 이유. 서해갑문은 그들에게 했던 말을 내게 똑같이 속삭인다. 가치 있는 희생이 아니면 어떤 인연도 털어내지 말아야 한다고. 그러니까 타인을 배려하여 자신을 희생하는 것은 인간만이 지닌 숭고한 가치라고. 어느 누군가가 나 대신 행복할 수 있다면 이별의 아픔도 의미가 있다고.

서해갑문 이십 리를 달린다. 이별의 정한과 가치가 깃든 길을 달린다.

# 해인(海人)

순하게 너울대는 물을 상상만 하여도 마음이 평안해진다. 살짝 스쳐지나가는 하늬바람에 반갑게 호응하는 물을 떠올리기만 하여도 마음이 부드러워진다. 고요, 순전, 침묵, 평화, 온갖 정적인 단어들이 가슴을 채운다.

바쁠수록 현실에서 마음을 떼어놓는다. 마음 한가운데 호수를 만든다. 바다도 들여놓는다. 새벽에는 물안개를 피워 올리고, 태양이 작열하는 대낮에는 보석처럼 반짝이는 물비늘을 만든다. 밤에는 생명력으로 충일한 달빛을 그 위에 내려놓는다.

강과 바다의 선한 본성으로 마음을 적신다. 사물이 지닌 모습 그대로를 비추어주는 물의 근본은 사랑이다. 상대를 바꾸려 강제하지 않고, 못난 모습 야단치지 않고, 스스로를 바라보게 하는 인내심은 자비이다. 있으면 있는 대로 없으면 없는 대로 받아들이는 만족은 지혜이다. 높고 낮은 계곡들 사이를 지나 가장 낮은 곳으로 흐르는 경지는 겸손이다. 사랑과 자비와 지혜와 겸손은 물의 속성이다.

물처럼 살고 싶다. 바닷가 한적한 모래밭에 서있는 해송의 가지를 스치는 한 가닥 실바람에도 살랑대는 물. 약한 것으로 강한 것을 이기고 부드러운 것으로 단단한 것을 이기는 물. 낮고 낮은 곳을 채움으로 상대방을 높여주는 물.

그래서일 것이다. 마음 붙일 곳이 없을 때면 바다가 보고 싶다. 세상에서 뛰쳐나오고 싶을 때면 바다에 가고 싶다. 파도 속에 세상 근심을 묻고 세상의 소리를 실어 멀리 보내고 싶다.

오래전에는 물결을 거스르며 살고 싶었다. 저항정신은 썩지 않는 영혼의 표본이요 삶의 조건이라 여겼다. 이제는 아니다. 삶의 이상, 조금쯤 낮춘들 어떠리. 내 것이 아닌 것에 연연하지 않을 수 있다면 좋겠다. 더 많은 것, 더 좋은 것을 얻기 위해 노력하기보다는 줄이고 없애며 단순히 살아가는 법을 배우고 싶다. 어느 것 하나 내 것인 것이 없는 물처럼. 미련 없이 흘러가는 물처럼.

오늘 바다에 다시 왔다. 밀물이다. 서서히 차오르는 물. 발을 적시고 무릎을 적시는 물. 파도를 맞아들이고 내보내는 '여'를 바라본다. 가는 파도 붙잡지 않고 오는 파도 거부하지 않는 의연함. 이렇게 한 세상 보낸다 해도 족한 표정이다. 어느 땐가는 살과 뼈 모두 깎여나가고 피도 빠져나가 마침내 한 줌 바닷물이 되리라.

어떻게 사랑을 실천할까. 어떻게 하면 사람을 있는 그대로 사랑할 수 있을까. 물처럼 살고 싶다. 만물을 이롭게 하고 다투지 않으며 낮은 곳에 처하기를 주저하지 않는 물처럼. 인내와 자제로 자신을 쳐서 겸손하고 유연한 물처럼.

바다가 되고 싶다.

물이 되고 싶다.

# 봉인(封印)

생성과 소멸을 끊임없이 반복하는 옐로스톤 간헐천. 220만 에이커의 광대한 면적을 차지하고 있는 옐로스톤 국립공원의 한쪽 구석에 1만여 개의 간헐천들이 집중적으로 몰려있다. 깊이를 알 수 없는 지구 속 용암이 흐르고 있는 상부층을 지나다가 압력을 이기지 못하고 터져 나온 물. 그 물 덩어리들이 호수를 이루고 그 물이 넘쳐서 흘러내리고 있다. 깊은 땅속으로부터 지표면으로 흘러나온 불물이 바위를 녹인다. 지구 심장의 온도는 섭씨 20만 도가 넘는다 한다.

섭씨 수백 도를 오르내리는 가이저 호수 속에 생명이 산다. 호수마다 초록색, 오렌지색, 노란색을 비롯하여 다양한 빛깔을 띠고 있다. 물속에 사는 박테리아의 빛깔. 지구의

약한 부분을 뚫고 물이 터져 나오는 깊이에 따라 온도가 각각 다르고 그 물에 사는 박테리아 종류도 다르다. 박테리아, 천분의 일 밀리미터 크기를 지닌 미생물. 얼마나 많은 수가 모여 있기에 저토록 진하고 화려한 빛깔을 내는 것일까? 얼마나 몸이 뜨거우면 저토록 높은 온도에서도 태연히 숨을 쉬는 것일까? 호수의 빛깔은 혹 저들이 들이쉬고 내품는 호흡의 빛깔이 아닐까? 내 마음의 온도와 내면의 호흡은 어떤 빛깔일까?

버펄로 무리가 지구 심장에서 흘러나오는 뜨거운 물줄기들 사이에서 태평하게 어슬렁거린다. 저들은 발바닥을 데지 않는 비결을 알고 있다. 자신이 있어야 할 곳에서 순연한 삶을 꽃피우는 모든 생명체들은 고귀하다.

가이저 바닥을 들여다보노라니 현기증이 일었다. 마음 깊은 곳에부터 뜨겁게 끊임없이 솟아나는 광기의 실체, 그 현현(顯現)을 보아버린 까닭이다. 집에 돌아와서 오랫동안 연속적인 악몽에 시달렸다. 꿈을 꿀 때마다 오색 호수들이 보였다. 그들이 전할 말이 있다고 생각했다. 그들을 만나기 위해 옐로스톤에 다시 갔다.

이전에 만났던 호수는 모두 사라지고 한 번도 보지 못했던 물웅덩이들이 도처에서 새롭게 태어나고 있었다. 대지가 부글

거리고 가라앉으면서 만들어지고 있는 호수들은 깊이가 얕고 탁한 흙빛이었다. 안심하고 집으로 돌아왔다. 가이저는 자신도 공모자임을 알리기 위해 그토록 꿈속에서 불렀던 것일까. 나의 오색 비밀은 땅속 깊은 곳으로 모습을 감추었다.

내 속에 있는 불의 호수는 지금도 수백 도의 온도로 끓고 있다. 밖으로 흘려보내지 못하고 어둠 속에 가두어둔 탓인가. 나의 일상은 봉인된 이 광념(狂念)이 밖으로 터져 나오지 않도록 세심하게 관찰하고 감시하는 일이다.

# 붉은 강(江)

붉은 강. 일출이 아니어도, 석양이 아니어도, 불꽃이 일지 않아도, 늘 붉게 흐르는 강. 봄볕만큼이나 온도가 따뜻한 강. 어디든 어느 환경이든 멈추지 않고 흐르는 강.

모하비 사막을 지나는 콜로라도 강물처럼 도도하지는 않지만, 자이언 캐년 계곡 상류에서 흘러내리는 강만큼 맑지는 않지만, 캐나다 캘거리 얼음물보다 서정적이지는 않지만, 세상의 모든 물처럼 육안으로 그 흐름을 볼 수는 없지만, 이 세상에서 가장 소중한 강. 어둡고 좁은 수로를 따라 흐르는 피.

지구상에서 가장 긴 강. 연장 길이 12만 킬로미터. 지구의 둘레를 세 번이나 돌 수 있는 길이. 지구상에 존재하는 물중에 가장 빠르게 흐르는 강. 그 먼 거리를 한 바퀴 휘도는 데 걸리는 시간은 단 46초. 6만 개의 수로를 통하여 동시다발적으로 흐르는 강. 지구상에서 가장 적은 수량이지만 결코 마르지 않는 강. 그 강을 채우는 양은 기껏 5~6리터. 그 강이 흐르는 공간과 면적은 아무리 너그럽게 잰다 해도 길이 190센티미터, 넓이 60센티미터, 높이 50센티미터, 관(棺)의 크기이다. 세상에서 폭이 가장 좁은 강. 사람의 뇌에는 1인치 공간마다 3천개의 실핏줄이 얽혀 흐르고 있다. 끊어질 듯 사라질 듯 유연한 거미줄보다 더 가늘고 섬세한 강.

가야 할 길이 지구 둘레보다 더 멀다고 불평하지 않는다. 그 길을 일정한 속도로 쉼 없이 달린다. 80년 세월이, 365일이, 한 달 31일이, 하루 24시간이, 길고 지루하다고 말하지 않는다. 자신이 담당하고 있는 역할과 사명이 얼마나 고귀하고 엄중한지 잘 알고 있다.

사람의 전신에 섬세하게 펼쳐져있는 혈로를 흐르는 강. 태평양과 대서양을 잇는 운하처럼. 산속을 뚫고 관통하는 터널처럼. 길게 짧게 이어지고 갈라지면서, 전 공간을 아우르고 떠받들어주는 잎맥처럼. 서로를 인정하고 받아주며 사이좋게 흐른다. 동맥, 정맥, 모세혈관을 따라 심장이 멈추는 그 순간까지 끊임없이 흐른다.

생명 강. 수로에 미세한 구멍이 하나라도 뚫리면 특전사들이 몰려와 벽을 만들어 누수를 막는다. 점성이 강하지만 쓸데없는 것이라고는 단 한 점도 용납하지 않고 순수로 뭉쳐 있다. 독소나 박테리아가 들어오면 죽기까지 싸워 퇴치함으로써 강의 순수성을 지킨다. 영양물질을 건네주고 노폐물을 받아들이는 불공평한 물물교환이 이루어져도 봉기나 혁명이 일어나지 않고 늘 온정과 이해 속에 활기가 넘치는 생명의 강변 장터.

피가 빨간 이유는 피톨 속에 들어있는 헤모글로빈 성분 때문이란다. 아니다. 피는 빨간색일 수밖에 없다. 두려움과 경외의 상징이므로. 소중한 것은 진지하게 지켜야 하므로. 경고와 각성의 빛깔로 붉은색을 능가하는 색감이 어디 있는가.

창조주는 최초의 인간 아담을 흙으로 빚은 다음 그의 코에 생기를 불어넣었다. 그러자 온몸에 피가 돌기 시작했다. 육체의 생명은 피에 있다고, 피는 생명과 일체라고 성경은 말한다. 피는 그때부터 지금까지 사람과 사람으로 이어지며 흐르고 있다. 아담과 하와가 죄를 지었을 때 신(神)은 양가죽으로 그들의 부끄러운 하체를 가려주었다. 가죽은 양이 죽어 피를 흘려야 얻을 수 있다. 고대 이스라엘의 아론은 애굽의 모든 하수들과 운하와 못과 호수를 피로 바꾸는 이

적을 보여주었다. 이스라엘 백성들이 속죄를 치르기 위해서는 반드시 짐승을 죽여서 피를 흘려야 했다. 예수는 신성을 버리고 지구에 내려와 십자가상에서 피를 흘림으로써 인류의 죄를 대속했다. 피는 생명이고 은혜이고 희생이다.

이 강은 감정이 있다. 한번 토라지면 냉정하고 냉정해진다. 깊은 우울 속에 빠지면 모든 의지를 상실하여 주인의 생명조차 돌아보지 않는다. 자신이 머물러 있어야 할 길을 벗어나버린다. 아무리 보(堡)로 막아도 새버린다. 외부를 향해 나 있는 몸의 모든 구멍을 통하여 자신을 쏟아내 버린다. 이상하다, 왜 모든 의식 있는 것들은 우울해지면 자신의 위치에서 벗어나고 싶어 하는 걸까? 피가 자신을 포기하면 폐도 심장도 약속이나 한 듯이 영원한 침묵 속에 빠져버린다.

인간의 죽음은 짐승의 죽음과 다르다. 신이 불어넣어준 생기가 사라지는 것이 죽음이다. 살아있다는 것은 신의 생기를 호흡하는 것이다. 신의 은총이 머물러 함께한다는 증거이다.

그러므로 소중하고 신실한 피가 흐르고 있는 사람을 사랑할 것. 사랑보다 진하고 죽음보다 강한 점성을 지닌 피를 품은 사람을 사랑할 것. 12만 킬로미터 길이의 생명수를 지닌 사람을 전심전력을 다하여 사랑할 것. 하루에 2천 갤런 분량의 피를 쉬지 않고 펵펵 품어내는 심장을 가진 사람을 사랑할 것. 그가 어떤 미운 짓을 해도 안아줄 것. 사람들아, 우리 서로 사랑으로 사랑하자. 우리 힘써 사랑하자. 사랑이 온몸에 흐르도록 사랑하고 또 사랑하자.

# 맥아더 호수 공원을 거닐며

맥아더 호수 공원. 1880년대에 조성되어 로스앤젤레스의 오랜 역사를 품고 있는 32에이커의 녹색 공간. 사우스 알바라도 애비뉴, 웨스트 7가, 파크 뷰 스트리트, 그리고 윌셔 불러바드에 둘러싸인 도시인의 휴식처.

공원 입구 네 군데 중 웨스트 7가와 알바라도 코너를 선호한다. 남모를 정을 불러일으키는 조각 몇 점이 있어서이다. 유명 설치 미술가들의 작품으로 한인 타운 심장부에 자리 잡은 이 공원을 대표하는 이미지들이다. 낡은 시계탑이 제일 먼저 반기는데 휴전선에 있는 것과 똑같은 모형이라 한다. 커다란 공 모양의 녹슬고 찌그러진 수류탄 조형물 4개가 그 앞에 옹기종기 서있다. 수류탄 줄에 매달린 추를 들었다가 살짝 놓으면 덩~, 묵직한 쇠에서 나는 소리가 노란색 대기 속으로 길게 울려 퍼진다. 통일을 염원하는 기도 같다. 태평양 건너 휴전선까지 닿기를 간절히 소원한다.

알바라도 길과 경계한 호변을 따라 발을 옮기면 맥아더 장군의 동상을 만난다. 작고 앙증맞은 보랏빛 꽃송이를 매단 무궁화 울타리가 동상을 둘러싸고 있어 성역 같다. 호수를 바라보는 장군이 조용히 타이르는 것만 같다. 역사는 현재와 미래를 성장 발전시키는 중요한 키워드를 간직하고 있다고. 삶을 개선하고 싶다면 역사를 연구하라고. 그의 곁에 서면 맥아더와 무궁화, 전쟁과 삼팔선, 절규와 상처, 인간애와 존엄성 등의 단어들이 머릿속에서 엉킨다. 하나만으로도 벅차고 무거운 의미들이 겹으로 뭉치니 감당하기가 힘들다.

캘리포니아 6월의 한낮, 레몬빛 햇살이 호수면 위에서 반짝인다. 호수 중간에 설치된 커다란 분수가 세차게 물을 뿜어 올리고 있다. 높이 올랐다가 떨어지는 힘이 끊임없이 움직이는 물결을 만들어낸다. 경관에도 큰 몫을 하지만 물이 오염되는 속도를 늦추기 위한 장치. 그렇다, 흔들려야 썩지 않는다. 몸과 맘이 흔들려야 깨어있는 정신으로 살 수 있다. 호수면 위로 퍼지는 물 주름이 지친 어깨를 토닥여주는 것처럼 보인다.

호변을 걷노라니 일순 마음이 젖는다. 여름날 하오에 느끼는 이 시적인 분위기를 어찌할까. 예술의 모티프가 공원 풍경 곳곳에 가득하다. 줄지어 선 유럽풍의 가로등이 이국의 정취를 자아낸다. 고풍스런 문양과 색채가 낯선 곳으로 떠나고픈 충동을 일으킨다.

온갖 새의 날갯짓이 자유롭다. 물 위에서 땅 위에서 서로 이웃이 되어 정답다. 새들은 사는 장소를 가리지 않는다는 것을 이 공원에 와서 처음 알았다. 물새, 뭍새, 바다새, 담수새의 구분이 따로 없다. 비둘기, 오리, 참새, 까치, 갈매기, 백조가 사이좋게 어울려 산다. 호수 중간에 조성된 섬은 이들만의 휴식처이다. 각종 꽃나무들과 야자수 그늘 아래서 젖은 깃털을 말리며 해바라기를 한다.

음악당이 있는 녹지를 돌아 떠났던 지점으로 돌아온다. 추를 들어 수류탄을 때린다. 쇠북이 울리는 진동이 내 가슴에 고스란히 닿는다. 여음이 사라질 때까지 그곳에 서서 귀를 기울인다. 공원을 벗어나는 발길이 떨어지지 않아서 자꾸만 뒤를 돌아본다. 남미의 흥겨운 마리아치 밴드 가락이 한국의 아리랑 곡조와 겹쳐서 너울대는 소리가 이명으로 들려온다.

## 나이아가라의 하루

나이아가라 폭포와 대면했다. 짙은 흰 구름을 끊임없이 피워 올리며 천둥처럼 울리는 거대한 폭포. 웅장한 광경 앞에서 언어와 생각이 분해되어 버렸다. 가벼운 간구와 급한 맹세, 차마 할 수 없었다. 회오와 회한의 눈물로 폭포를 더럽히고 싶지 않았다. 일상의 아픔과 슬픔으로 물의 길을 방해하고 싶지 않았다. 그것은 온전히 나의 몫, 가슴 속 깊이 간직해야 한다.

말발굽 절벽 앞에 서니 차가운 비가 사정없이 온몸을 적셨다. 하늘에서 내려온 비가 아니라 52미터 절벽으로 급강하 했다가 그 반동으로 튀어 오른 물 물 물. 찬란한 꿈의 표상인가, 곳곳에서 선명한 무지개로 피어오르고 있었다.

폭포의 옆모습을 보기 위해 지하 38미터의 시닉 터널로 내려갔다. 온몸을 부서뜨리며 곤두박질치는 열정 앞에 말문이 막혔다. 온몸 던져 보여주는 사랑 앞에 두려움이 앞섰다. 한때 그리도 절실하던 말과 행동들이 비취빛 결정체로 꺾여 추락하고 있었다. 인간의 모든 정서와 감정들이 갈래갈래 주름진 물보라로 울부짖고 있었다.

월풀을 만나러 갔다. 빠르게 달리던 보트가 갑자기 멈추었다. 월풀 가까이에는 가지 못한단다. 눈을 드니 저 멀리에서 소용돌이치는 물길이 보였다. 인간의 접근을 막는 물. 장중한 용틀임이 공포와 두려움을 주었다. 저 속에 휘말려 들어가면 어찌 되는 걸까.

월풀의 흐름을 높은 곳에서 보기 위해 언덕으로 올라갔다. 거대한 소용돌이에 붙잡혀 흐르지도 못하고 머물지도 못한 채 제자리에서 맴도는 월풀이 한눈에 들어왔다. 움푹 팬 넓은 소(沼)를 휘돌며 끊임없이 물속으로 처박혔다가 튕겨나는 물 덩어리.

나이아가라 폭포수 한 방울의 여정을 그려본다. 수퍼리오 호수를 출발하여 미시건, 휴란, 이리 호수에 이르기까지 34년 동안 3천 마일을 달려왔으리라. 마지막 기착지인 온타리오 호수에 닿기까지 7년을 월풀에 갇혀 맴돌 것이다. 그리고 드넓은 바다로 나가리라. 고대하던 만남, 그곳에서 이루리라.

해가 지니 폭포는 오색 등 앞에 환하게 드러난다. 멀리서 쏘아올린 노랑, 파랑, 녹색, 빨강, 보랏빛 조명이 폭포의 물줄기를 쓰다듬고 어루만진다. 폭포는 애소하는 찬란한 유혹에도 끝내 마음을 열어 보이지 않는다. '아무도 내 마음을 비추지 못한다.'는 단호한 서기가 충만하다. 성인(聖人)을 기다리는가. 폭포야, 언제까지나 그렇게 있어다오.

이른 아침, 폭포 상류에 있는 수력발전소가 10개의 수문을 차례로 열어 밤 동안 가두어두었던 강물을 풀어놓았다. 폭발할 듯 달려 나오는 기세가 실로 힘찼다. 굽이굽이 여러 갈래로 두터운 층을 이루며 절벽을 향해 거침없이 내달리는 물. 용틀임하는 물결. 그 위력에 전율이 일었다. '물밀듯 걷잡을 수 없는 그리움'이라는 표현과 비유, 이제부터 자제해야 한다. 그 격정과 열정을 어찌 감당할 것인가.

절벽에 이르러서도 물은 그 기세를 멈추지 않았다. 천둥치듯 웅웅 소리를 내며 떨어지는 물. 아낌없이 부서져서 사라지는 물. 이별의 슬픔에 주저하는 빛도 없이 떨어져버리는 물. 헤어짐을 단절이라고 여기지 않는 태도이다. 그렇다, 우리 사이에 흐르는 염파(念波), 아무도 막지 못한다.

그 아침에 나는 목격했다. 깨지고 부서진 물방울이 수증기가 되어 대기 속으로 사라지는 광경. 열을 가하지 않아도 액체가 기체가 되는 현상. 물이 하늘로 돌아가고 있었다. 나의 어깻죽지에도 날개가 솟을 건가, 내 어깨를 자꾸만 쓸어보았다. 누군들 젖은 날개 다시 활짝 펴 날고 싶지 않으랴. 환생과 승화의 삶 빚고 싶지 않으랴.

나이아가라에서 물의 영혼을 만났다. 오랜 세월 동안 쌓인 갈증을 풀었다.